Claudia Emma Feen
Lieben will ich,
wie ich nie geliebt habe
Ein Dialog mit Konrad zwischen Himmel und Erde

ISBN: 9783743190009

1. Auflage Mai 2017
© Claudia Emma Feen, 2017

Einbandgestaltung: Atelier für Gestaltung Stefanie König, Bonn, auf der Grundlage eines Bildes der Tochter der Autorin

Herstellung und Verlag: BoD - Books on Demand, Norderstedt

Vorbrief

*Liebe Leserinnen,
liebe Leser,*

tief in mir habe ich das leise Gefühl, dass Konrad immer noch für mich da ist, obwohl er verstorben ist. Daher werde ich ihm auch künftig Briefe schreiben, denn meine Selbsterfahrung geht weiter. Diese Entscheidung traf ich so: Ich habe auf Konrads Trauerfeier eine Fliege beobachtet, die überall herum flog. Sie umkreiste auch die Redner vorne am Altar. Sie war irgendwie sehr präsent für mich. Die Menschen haben über Konrads Leben gesprochen und auch über seine letzte Nacht. Viele Geschichten waren dabei, es durfte sogar gelacht werden. Ein Tanz zwischen der Trauer, dass er nicht mehr bei uns ist und der Freude ihn gekannt zu haben.
Als ich Mitte Mai mit meiner Tochter nach Griechenland flog, habe ich im Flugzeug plötzlich Angst bekommen. Das Flugzeug schaukelte und ich schaukelte mich in meine Angst. Atmen. Es half nicht. Da sah ich sie. Eine Fliege. Sie flog auf mich zu, umkreiste mich, flog im Flugzeug herum. Eine Fliege im Flugzeug. Welch ein kosmischer Humor. Da verlor ich meine Angst und wusste, dass Konrad bei mir ist und die Idee entstand, ihm weiterhin zu schreiben.

Die Leere

Liebster Konrad,

… …
… …
… .

Im April 2012

Wie oft sagtest Du zu mir: „Finde Deinen Ausdruck."

Dies ist mein Ausdruck. Ausdruck meiner Leere.

Mir fehlen die Worte.

Wie schreibe ich Dir in den Himmel?

Bitte hilf mir. Schicke mir einen Traum oder einen Text, ein Lied, ein Wort, damit ich mich an etwas festhalten kann.

Danke.

In Liebe Deine Claudia

Liebster Konrad,

hier kommt nun mein erster Versuch, einen Brief an Dich in den Himmel zu schreiben. Ich habe Dich um ein Zeichen gebeten und am Sonntag bekam ich den Impuls, in mein Reisetagebuch zu schauen. Dort wo meine letzte Eintragung vom Seminarwochenende war. Der Eintrag, dass Du verstorben bist. Ich las Folgendes:

„Schau, ob Du wirklich mit dem Leben tanzt oder hübsch zurechtgemacht unerreichbar am Rande stehst. Wenn Du alles, was dich herausfordert, von dir fernhältst, vermeidest du nur den Tanz des Lebens."

Unbekannt

Ja, lieber Konrad. Danke für den Text ☺.
Nun habe ich meine neue Wohnung eingerichtet, die Kartons sind ausgepackt und viel habe ich entsorgt. Dies hat nicht nur meine Wohnung entrümpelt, sondern auch meine Seele. Es tut gut, mich von einigen Sachen zu trennen. Ich finde, dass die Energien dann leichter und schwungvoller sind. Meine Erfahrung ist: Je mehr Schränke und Platz ich habe, desto mehr Dinge häufen sich an. Da konnte ich gut entgegenwirken, indem ich weniger Schränke habe. Ein super Trick. Hier an diesem Ort bin ich nah am Wald und auch der See ist zu Fuß gut zu erreichen.

Im Mai 2012

Ich entscheide, ob ich rechts in den Wald gehe oder links zum Wasser herunter. Das ist schön und ich fühle mich frei. Niemand kennt mich hier und ich habe das Gefühl ganz neu anzufangen.

Im Juni fahre ich auf das Wochenendseminar zur Musikreise und habe ein seltsames Gefühl dabei. Ich muss Dir sagen, Konrad, dass ich geträumt habe. Ich habe die Räume gesehen und sie waren dunkel. Ausgestorben. Kein Leben war in irgendeinem Raum. Du bist nicht mehr da und Stephanie auch nicht. Ihr habt mich wunderbar begleitet. Ich durfte so viel lernen. Nun darf ich es auch anwenden. Ihr habt mir berührende, schwere und auch leichte Musik an die Hand gegeben, Reisewerkzeuge, wie Eure Texte und Bücher. Ich weiß, das Leben ist ein ständiges Weitergehen und mit Begleitern an der Seite. Manche bleiben kurz, eine längere Weile, für immer oder gehen wieder aus dem Leben.

Ich darf auch lernen, viel mehr Vertrauen in mich zu gewinnen. Ich werde Dir alles berichten.

Ach… nein… Du begleitest mich ja nun… vielleicht hast Du mir auch diesen Traum geschickt, um mir zu sagen, dass es vorbei ist. Ja, das kannst Du bestimmt, mir Zeichen geben. Ich darf lernen, sie zu erkennen. Danke lieber Konrad. Viele Grüße an Stephanie.

Eine Umärmelung von Claudia, die sooo oft an Dich denkt.

Letzte Musikreise?

Mein geliebter Konrad,

hier kommt mein Reisebericht.
Ich bin am Morgen aufgewacht in einer großen Freude auf mein Reisewochenende. Jedoch bin ich auch sehr amüsiert über Dich. Du hast Dich in meinen Traum geschlichen. Ich habe Dich klar gesehen und Du hattest ein langes weißes Nachthemd an.

> „Ich komme mit, meine Liebe, meine Süße. Ich muss mir nur etwas anziehen!" ☺ ☺ ☺

Als ich in den Räumen ankam, war alles wie immer und doch anders. Ich bekam so ein Gefühl des Abschieds, genau wie in meinem Traum. Wird es so für mich weiter gehen ohne Stephanie und Dich? Das schob ich schnell zur Seite, denn ich hatte Angst vor dem Unbekannten. Hier fühlte ich mich doch so sicher. Hier bist Du mir so nah. Die Freitagsabendrunde war wieder sehr hilfreich für mich, denn ich spürte, dass ich nicht allein war mit meiner Zerrissenheit. Jemand in der Runde sprach von dem Antreiber in ihm, der ihm immer wieder mitteilte, dass er nicht gut genug sei und viel mehr tun sollte. Ein anderer sprach davon, Unvollkommenheit zu wagen. Es fielen Sätze und Worte wie ‚Vertrau-Glaube' und ‚Die Seele kennt den Weg zur Heilung'.

Im Juni 2012

So ging ich in meine Musik und bat all meine Engel und Dich, mich zu begleiten. Die Reise ging tief und da war sie wieder, meine Angst. Angst vor Liebe, Nähe, Auseinandersetzung, Konflikten. Der blockierende und mauernde Schmerz. Verlustängste und das Gefühl von tiefer Verlassenheit machten sich breit. Ich hielt es aus, ging tapfer hindurch.
Zerrissenheit zerrte an mir. Es brannte in meinem Körper und ich wusste, dass ich der Sprache meines Körpers vertrauen kann.
Soll ich mich weiterhin mit meinen Ängsten befassen oder mit meinem Mut, im Hier und Jetzt zu leben? Ich darf meine Zerrissenheit leben, ich darf meine Herausforderungen annehmen. Ich werde die Sicherheit meiner Flucht und Verdrängung verlassen. Ich erlaube mir den Tanz mit dem Leben.

Ich saß auf meiner Matratze und fragte Eva, ob sie Zeit für mich hätte. Sie nahm mir alles von den Schultern, indem sie sagte, dass ich zerrissen sein darf und auch die Angst gehört zu mir. Alles ist ein Teil von mir und ich kann es nicht einfach auslöschen. Ich kann aber mit meinem Gegenüber in den Dialog gehen. Mich aufmerksam machen in dem Moment.

Wichtig ist die Versöhnung mit mir selbst. Eva las mir einen Text vor und der war von Dir lieber Konrad:

„Ehrlich und wahrhaftig zu sein heißt nicht nur, seine Schwächen, Leiden, Fehler und Trägheiten zuzugeben, sondern sich auch seiner Stärken, Freuden, seines Gutseins, seiner Initiative bewusst zu werden und dies auszusagen".

Konrad

Darauf bin ich noch nicht gekommen, dass all die Menschen, die ich sehr mag, die Aspekte meines Selbst widerspiegeln, derentwegen ich mich gut fühle. Der Spiegel des Universums zeigt mir doch auch die wunderbaren und schönen Anteile von mir, mit denen ich vielleicht noch nicht im Kontakt bin. Welch eine schöne Erkenntnis. Danke.

Am Sonntag in der Abschlussrunde ist mir auch die Unvollkommenheit noch näher gekommen. Unvollkommenheit darf ich ausprobieren und wagen. Sie ist der erste Schritt zum Tanz, das erste zaghafte Wort zum Dialog oder die erste zärtliche Berührung im Alltag.

Schön war auch der Satz von Irmgard: Meine Lebendigkeit lässt sich nicht ordnen und strukturieren. Wie wahr!

Im Juni 2012

Reich gefüllt fuhr ich nach Hause. Zwischendurch war immer wieder diese tiefe Traurigkeit da, dass du nicht mehr zur Tür herein kommst in Deinem wunderschönen smaragdgrünen Kaftan. Die weißen Haare wild durcheinander.

Ich habe Dich so vermisst, dass es mir weh tat und doch warst Du bei mir. Du schenktest mir Eingebungen, Erkenntnisse und hast mich aufgeweckt, als ich zu sehr träumte. Wer will mir sagen, dass es nur das hier auf der Erde gibt, was wir sehen oder anfassen können? Ich fühle. Und ich fühle die Magie, das Bauchgefühl, die Stimme, die mir sagt, folge diesem Weg und geh weiter. Ich will mich nie mehr vom Weg abbringen lassen. Von niemanden. Ich habe Dich lieb.

In tiefer Verbundenheit unserer Seelen.

Deine Claudia.

Liebster Freund, mein Konrad,

wie geht es Dir so im Himmel? Bist Du nun ein Schutzengel? Oder bist Du mein Engel?

Ja, Du bist mein Engel und hast mich auf meiner Musikreise begleitet. Ich bin ganz oft in mein Gefühl gegangen, um Dich zu erspüren. Was gibt es für eine Nachricht für mich? Meistens habe ich etwas wahrgenommen, als ich morgens wach wurde. Da war wieder das Wort Spiegel. Irgendwie ist die Spiegelarbeit für mich wichtig. Dann fühlte ich in mich hinein, ob diese Wochenenden nun vorbei sind für mich und dachte an meinen Traum. Ich weiß, dass ich mich richtig entscheiden werde.

Nun zu meinen Geschichten, die ich Dir noch gar nicht geschrieben habe. Irgendwie geschieht auch eine Menge in letzter Zeit. Erinnerst Du Dich an das Fest an der Talsperre und dass ich den „Brief" an jemand anderes geschickt habe? Eine wirklich schöne Geschichte, wenn es weitergegangen wäre, aber ich habe nach endlichen Telefonaten mit Marcel und Vertröstungen seinerseits auf einer Verabredung bestanden. Ich wohnte nun ja auch ganz in seiner Nähe und ein Gespräch wäre angebracht gewesen.

Nun ist es vorbei. Wir telefonieren nicht mehr. Ich habe eingefordert, denn ich spürte, dass es für mich

wichtig war. Ich möchte nicht vertröstet werden, das war mir in dem Moment ganz klar.
Bravo, liebe Claudia, höre ich Dich sagen ☺. Wir haben ja auch öfter über das Vertrösten gesprochen. Wenn ich in meiner Selbstliebe bin, lasse ich mich nicht vertrösten. Aber ich bin ehrlich, denn ich habe mich von ihm ganze sechs Monate vertrösten lassen. Na ja, der Weg zur Selbstliebe ist wohl ein längerer.
Dann traf ich Hannes in einem Geschäft. Hannes, ein ehemaliger Kollege von mir. Ich fand ihn damals sehr anziehend, aber meine Kollegin hatte sich verliebt und heiratete ihn. Nun war er geschieden und wir haben uns zu einem Gespräch getroffen. Es war eine gute Verabredung und wir haben viel von früher geredet und auch gelacht.
Nach einer erneuten Verabredung riet mir mein Bauchgefühl jedoch zur Vorsicht. Er überforderte mich mit seinen Worten. Sätze wie: „Du bist nicht glücklich. Du musst kündigen. Du musst Deine Rachegefühle in den Griff bekommen. Du willst doch gar keine Beziehung", gaben mir das Gefühl, FALSCH zu sein. Er drückte und schob mich.
Auf einem Spaziergang ist es dann eskaliert und ich habe Dich zum ersten Mal richtig gespürt, Konrad, denn Du warst da.
Hannes ist richtig böse geworden. Ich glaube ich habe ihn irgendwie provoziert, weil er mir zuviel wurde.

‚Du musst' ist sein Lieblingssatzanfang gewesen. Es hagelte nur so ‚Du musst' Sätze.
Für mich ist das Wort ‚muss' ein Killerwort. Ein Wort welches nur Druck ausübt. Ein Unwort lieber Konrad, so wie unser ‚Aber' und ‚Eigentlich'.

Ich sagte ihm, wie sehr er mich überfordert, mir ständig das Gefühl gibt, nicht gut genug zu sein und ohne meine Erlaubnis an mir wirken will. Dann fiel ich ins Schweigen und ging stumm neben ihm, um mich zu schützen. Er schwieg auch. So gingen wir eine halbe Stunde schweigsam nebeneinander. Als wir einen Weg hinunter gingen, standen rechts auf der Wiese zwei Pferde. Das schwarze Pferd hob den Kopf und schaute mich ganz fest an. Ich fühlte, irgendetwas war anders. In meinen Gedanken fing ich an, mit dem Pferd zu sprechen. Es war reine Intuition. Es zog mich magisch an. „Spürst Du meinen innerlichen Kampf?" Das Pferd reagierte und nickte mit dem schwarzen Kopf. „Soll ich mich weiterhin mit diesem Mann treffen?" Das Pferd schüttelte heftig den Kopf und scharte mit den Hufen. „Es geht um Distanz und um Grenzen setzen, oder"? Wieder reagierte das Pferd heftig und nickte mit dem Kopf.

So ging ich in den inneren Dialog mit diesem Pferd, obwohl ich großen Respekt vor den Tieren habe.

Dann sind wir bei dem Pferd angekommen und Hannes hat es schon bemerkt, hielt sich jedoch zurück. Ich blieb stehen. Das Pferd wollte zu mir kommen, es zögerte jedoch. „Wer bist Du? Traust du dich näher zu kommen?" Das Pferd wieherte und scharrte wieder mit den Hufen, blieb auf Abstand zu mir. Hannes und ich gingen weiter, stiegen ins Auto und fuhren an der Weide vorbei. Dort stand er nun am Zaun… Magie. Ich hielt an, stieg aus und das Pferd kam mit erhobenem Kopf auf mich zu. Ich sagte zu ihm, dass er bitte nicht zu nah kommen sollte. Er schaute mich an, als wenn er mir sagen wollte: „Dies war Dein innerlicher Kampf, lass ihn gehen, er tut Dir nicht gut. Er ist nicht in seiner Liebe."
Dann lief er auf die Weide zurück. Welch ein Erlebnis und ich bin sicher, dass Du es warst, lieber Konrad. Ich fuhr nach Hause, nachdem ich Hannes gesagt hatte, dass ich ihn nicht mehr treffen möchte. Es begleitete mich ein wunderschöner kraftvoller Regenbogen. Ein Zeichen des Himmels. Ein gezauberter Regenbogen von Dir, Konrad, und den Engeln. Ich war erfüllt. Dieser Regenbogen tröstete mich so sehr. Meine Engel haben gespürt, dass ich Trost benötige. Es geht um Grenzen setzen, um NEIN sagen und hier gut für mich zu sorgen. Ich fühlte mich in diesem Moment so beschützt. Ich nahm mir vor, viel mehr über die Engel zu erfahren.

Zu Hause angekommen, zog es mich in meinen Entspannungsraum, den ich mir eingerichtet habe. Dort bot sich mir ein unglaubliches Bild. Der Regenbogen, der mich begleitete, war direkt vor meinem Fenster. Er passte genau hinein. Ich kenne Regenbögen, wenn sie sich weit in der Landschaft zeigen und irgendwo auf einer Wiese zu Ende sind. Aber dieser Regenbogen war nur für mich, in meinem Fenster. Ich war so glücklich und wusste tief in mir, dass alles gut ist. Ein zweiter Regenbogen war direkt über dem ersten und ich schaute ihn ganz genau an. Mir ist aufgefallen, dass die Farben in umgekehrter Reihenfolge angeordnet waren.

Der untere Regenbogen war oben Rot, darauf folgt Orange und Gelb, dann die Farben Grün, Hellblau und Dunkelblau. Zum Schluss die Farbe Violett.
Der Regenbogen der darüber lag war so aufgebaut dass er oben mit Violett anfing, dann folgten die Blautöne, Grün, Gelb, Orange und zum Schluss Rot. Also schaute sich die Rote Farbe an, standen sich gegenüber. Wie in einem Spiegel.

Da war sie wieder: die Spiegelarbeit. Ich holte mir mein Buch aus dem Regal. Sehr oft habe ich mich mit der Spiegelarbeit beschäftigt. Erneut versuchte ich zu verstehen, nach diesem Erlebnis mit Hannes.

„Je mehr eine Eigenschaft eines anderen dich stört, desto intensiver versucht deine Seele, dich auf diese Spiegelung aufmerksam zu machen. Wenn du dich selbst erniedrigst und stets denkst, du seist nie gut genug, wirst du jemanden anziehen, der das missbraucht, um dich zu erniedrigen. Bist du der Meinung, dich könne unmöglich jemand verstehen, dann wirst du Menschen anziehen, die dich nicht verstehen. Unterdrückst du Wut, dann forderst du vielleicht zum Angriff.

Bist du der Meinung, dass du nichts wert bist, so wirst du Menschen in dein Leben hineinziehen, die diese Anschauung auf dich zurückspiegeln, indem sie dich schlecht behandeln.

Bist du bereit, eine Beziehung einzugehen, doch will dein Partner das nicht, dann blicke nach innen auf deine eigene Angst vor Beziehungen.

Die Person, die stets fröhlich und glücklich ist, jedoch von deprimierten Menschen umgeben zu sein scheint, hat diese angezogen, um deren inneres Unglücklichsein widerzuspiegeln. Das spirituelle Gesetz ist sehr präzise. Das Universum liefert uns Spiegel, in die wir schauen können.

Die Macht der Spiegelarbeit

Wer das Gesetz der Widerspiegelung versteht, wird niemals wieder versuchen, jemand anderen dazu zu bringen, ein anderer zu sein.

Man beobachtet das Äußere und verändert das Innere."

Der spirituelle Lebens-Ratgeber
von Diana Cooper

Selbstreflexion auf hohem Niveau, lieber Konrad. Also schaute ich zurück auf die Begegnung mit Hannes:

Er ist nicht in seiner Liebe
Er ist sehr wütend, auch aggressiv
Er drückt und schiebt mich
Er lässt mich nicht sein wie ich bin.
Er gibt mir das Gefühl falsch zu sein.

Der Spiegel:

Ich bin nicht vollkommen in meiner Liebe
Ich bin wütend und aggressiv
Ich drücke und schiebe mich
Ich lasse mich nicht sein, so wie ich bin
Ich gebe mir das Gefühl falsch zu sein

Ach....lieber Konrad, es ist hoffnungslos, aber nicht ernst. ☺ Ich muss schon sehr ehrlich zu mir sein, um dies zu erkennen. Es ist in mir verborgen, tief im Unterbewusstsein. Ich lass das erst mal so stehen mit dem Spiegelbild.
Bis bald.

In Liebe und Verbundenheit
Deine Claudia

Selbstreflexion

Geliebter Konrad,

ich sitze gerade auf meinem sonnigen Balkon und schaue in den Himmel. Was für schöne Wolken doch unterwegs sind. Ich sehe in ihnen Figuren, Herzen und Engel. Dabei denke ich an Dich und habe mir Papier und einen Stift geholt, um Dir zu schreiben.
Diese Spiegelarbeit lässt mich nicht los. Ich habe auf den Wochenendseminaren mit Dir viel Innenschau gehalten, bin mit der Musik tief in mich hineingegangen und habe einiges entdeckt. Ich habe es mir ‚angeschaut'. Nun sagt die Spiegelarbeit aus, dass, wenn mir etwas im Außen begegnet und es mir missfällt oder mich sogar wütend macht, nur mit mir zu tun hat. Ich habe gerade einige Menschen vor mir, die in meinem Leben eine Rolle gespielt haben, sie sind alle nicht mehr in meinem Umfeld. Da war meine Bekannte Heidrun. Wir sind einige Male spazieren gegangen und haben zusammen telefoniert. Sie hat mich oft sehr wütend gemacht. Ständig nörgelte sie an ihrer Arbeitsstelle herum und dass ihr Freund nicht endlich seine Frau verlässt, um mit ihr zu leben. Ich habe versucht ihr zu sagen, dass ihr Freund von ganz allein zu ihr kommt, wenn es so sein soll. Sie könne es nicht erzwingen oder kontrollieren. Irgendwann war es einfach zu viel und ich fühlte mich müde und erschöpft, nachdem wir uns getroffen hatten. Sie

wiederholte alles ständig und zog mir meine Energie ab. Nach ein paar Wochen bemerkte ich endlich ihren Widerstand und akzeptierte alles, was sie sagte. Ich hörte auf dagegen zu reden. Die Freundschaft ging langsam auseinander, weil ich ihr sagte, dass ich zu den Themen nichts mehr sagen kann. Den Spiegel sah ich eindeutig, denn auch ich versuchte die Liebe zu kontrollieren. Doch das ist unmöglich, Liebe lässt sich nicht kontrollieren. Liebe ist frei. Auch sehe ich den Spiegel von Heidrun im Nörgeln über die Arbeitsstelle. Ich nörgele ständig an meiner Arbeitsstelle herum. Ich bin sehr unzufrieden und schaffe es nicht zu kündigen. Heidrun hat mich teilweise so wütend gemacht, dass ich ihr sogar sagte: ‚Dann kündige doch und mach was anderes'.

Ich fand selbst nicht den Mut zu kündigen und gab Heidrun den Ratschlag? Ich sagte Ihr nichts anderes als: ‚Ich weiß es besser als Du'.

So begegneten mir noch einige Spiegel und sie brachten mich zu mir selbst. Nachdem ich immer mehr verstand, was mit dem Spiegel gemeint war und es auch erkannte, löste sich ganz viel in mir auf. Ich schaute hin, versuchte nicht mehr, den anderen zu verändern, sondern blieb bei mir. Schon bald fühlte ich mich freier, denn es gab alle möglichen Spiegel, Licht und Schatten, die alle zu mir gehörten. Je mehr ich dies akzeptierte, desto ruhiger wurde ich.

Mir ist Feigheit, Undeutlichkeit, Unentschlossenheit, Neid, Manipulation, es allen Recht machen wollen, nicht zuhören können, Dramen bauen, Versprechen nicht einhalten, andere beurteilen und verurteilen, Schönheit, Weiblichkeit, Freude, Humor, Leichtigkeit, Freundlichkeit, Sanftheit und vieles mehr begegnet. Alles ist ein Teil von mir und dies heißt nichts anderes, als es zu akzeptieren. Durch Akzeptanz gehe ich aus dem Widerstand heraus. So manche Beziehung kann sich dadurch auflösen, es passt einfach nicht mehr. Es kann aber auch eine Festigung der Beziehung bedeuten. Hier habe ich mit der Zeit gelernt, mit dem Fluss des Lebens zu schwimmen.

„Schalten wir zuerst Kritiksucht und Fehlersuche aus. Damit gewinnen wir überschüssige Energie zur besseren Wahrnehmung des Brauchbaren."

Unbekannt

Aber der Widerstand ist sehr hartnäckig und auch sehr unbewusst. Auf der Arbeitsstelle komme ich an meine Grenzen, lieber Konrad. Das Verhältnis zu meinem Chef hat sich sehr verschlechtert. Ich könnte nun sagen, dass sich mein Chef sehr verändert hat, aber die Veränderung bin wohl ich. Ich stehe öfter auf, sage nein und gehe weiter meinen Weg. Mein Konzept des Stillen Raumes ist vom Personalchef akzeptiert worden, der leider in kurzer Zeit das Unternehmen verlässt. Trotzdem, ein großer Erfolg für mich. Alles passte nicht mehr zusammen. Das kleine ängstliche Mädchen ist zur selbstbewussten Frau geworden. Dies eskalierte an einem Morgen, weil ich meinem Chef genau dies sagte. Er solle mich bitte nicht wie ein kleines Mädchen behandeln. Er schmiss seine Unterlagen auf meinen Schreibtisch und knallte die Tür zu. Er verließ das Büro und ich saß da wie versteinert.

Ich betete zu Dir lieber, Konrad, und zu meinen Engeln. Als ich nach der Arbeit erschöpft zu Hause war, zog ich eine Engelkarte:

> „Hadere nicht mit dem Schicksal. Du hast viel erreicht im Leben. Verneige dich davor. Sei dankbar für deine starke Persönlichkeit, die an Konflikten und Leiden gereift ist. Menschen wie du sind Krieger des Regenbogens. Weil du über die Möglichkeit verfügst, den Regenbogen in dir zu wecken, der dich mit den Engeln verbindet. Schließe deine Augen, erkenne den Regenbogen, den dir dein Engel geschickt hat."

Diana Cooper

Danke! Da ist er wieder, mein Regenbogen. Welch eine tröstende Karte für mich.

Ich drück Dich, lieber Konrad. Deine Claudia

Ach lieber Konrad Du……..

Ich erkenne viele Schattenseiten in mir durch andere Menschen. Sie können mich ganz schön wütend machen. Ich fühle mich heute schlecht dadurch. Wer bin ich überhaupt? Ich erkenne so viele Dinge in mir, die ich nicht haben will. Ich will nicht neidisch sein oder arrogant. Ich will es einfach nicht. Oder lügen, lieber Konrad. Ich lüge tatsächlich. Lügen wir nicht alle? „Was ist das?" ruft mein Kopf… „ es war doch alles schon längst erledigt." „Oh nein!" sagt mein Herz… „es war nur verschüttet, weggedrückt, zugedeckt." Es geht tief und es tut mir weh. Ach, wärst Du doch hier und wir könnten reden.

Warum tue ich das alles? Warum schaue ich so tief in mich hinein? Ich versuche manchmal einfach nur in meine Lebensfreude zu kommen, und mit anderen zu lachen und zu leben. Dann stelle ich fest, dass die Menschen auch viel über andere Menschen lachen oder über irgendwelche Fernsehsendungen. Dies macht mich dann traurig und ich verstehe mich selbst, dass ich auf Rückzug gehe. Ist das Lebensfreude? Sich über andere lustig zu machen? Meine Freundin und ich sind an einem Wochenende durch die Stadt bummeln gewesen und direkt vor uns glitt einem älteren Mann sein Stockschirm aus der Hand und fiel zu

Boden. Meine Freundin fand das so lustig, dass sie lauthals loslachte. Ich aber wollte helfen, war jedoch so irritiert, dass ich mit ihr weiter ging. Ich fühlte mich schrecklich und das war immer Zeichen für mich: Hier läuft etwas schief. Ganz schief. Dies ist nicht im Einklang mit mir und meiner Seele.
Ich habe eine Postkarte in meinem Wohnzimmer hängen. Auf dieser Karte liegt ein Wüstenscheich auf dem Bauch im Sand. Man sieht sein lächelndes zufriedenes Gesicht. Die Augen sind geschlossen. Daneben liegt ein Kamel, auch auf dem Bauch und sein Kopf liegt auch zufrieden im Sand. Darunter steht der Satz:

„Liebe ist… sich selbst im anderen zu erkennen."

Darüber kann ich herzlich lachen lieber Konrad. Also ist mein Humor einfach nur anders und manchmal auch tiefgründiger ☺.
Ich möchte meine Lebensfreude, die tief in mir vergraben und überdeckt ist von so vielen anderen Gefühlen, wiederfinden. Dies ist so ein starker Wunsch von mir. Aus diesem Grund möchte ich meine unerlösten und unbehaglichen Gefühle loslassen. Meine Schwermut, meinen Schmerz, meine Kränkungen. All meine Wunden, all das, was mir nicht mehr dienlich ist. Ich spüre, wie mich all dies im Hintergrund steuert und mich Dinge tun lässt, die ich in

Wirklichkeit gar nicht will. Die Spiegelarbeit hilft mir sehr dabei. Im Grunde machen mich meine unerlösten Gefühle nur aufmerksam, um gesehen und akzeptiert zu werden. Sie wollen nicht mehr versteckt, zurück gehalten oder ignoriert werden. Denn es gibt immer Menschen die uns auf dem Weg begegnen, um diese unerlösten Anteile in uns zu spiegeln. Sei es der Partner, die Familie, die Vorgesetzten, die Kollegen oder die Freunde.

Ich kann die Chance annehmen, um den Schmerz zu beenden oder ihm immer wieder begegnen wie in einer Dauerschleife.

Es geht hier um ein großes Thema. Um das Loslassen. Weißt Du Konrad, ich habe ein Ritual für mich gefunden. Ich erinnerte mich an meinen Urlaub in Cornwall. Dort saß ich am Kamin und habe ein paar Dinge auf ein Blatt Papier geschrieben, die ich gern loslassen wollte. Dieses Papier habe ich in das Feuer geworfen und sah zu, wie die Flammen das Stück Papier in Asche verwandelten. Für mich erkannte ich eine schöne Metapher. Alles wird durch das Feuer verwandelt und so kann ich es loslassen. Dies ist zu meinem wunderbaren Ritual geworden.
In meinem Reisetagebuch steht ein kurzer Satz von Dir, lieber Konrad den Du mal gesagt hast:

Im August 2012

„Und wenn man den Prozess sich selbst überlässt, vollzieht er sich in perfekter Weise. Wenn ihr einfach loslasst, habt ihr euch selbst als Hindernis aus dem Weg geräumt."

Bis bald und Kuss.

Liebe Umärmelung von Claudia

Lieber Konrad,

Dein Lieblingsthema ist mir begegnet und zwar im Traum. Das Thema Liebe. Mein Traum:
‚Ich sah mich in einem Garten, und dort war ein Mann. Er hatte zu tun, so wie ich. Ich fühlte mich traurig. Er schaute mich an und ging zu kleinen Hundewelpen. Dann waren wir in einem Raum mit einem Kind. Der Mann war voller Leichtigkeit und Freude. Er sprach mit mir und schaute mich an. Er sprach vom Glauben und vom Universum. Ich war sehr verlegen und still. Das Kind, es war ein Junge, war fröhlich und redete auch mit mir. Er sagte: „Du bist sympathisch." Plötzlich kam der Mann näher und schaute mir in die Augen. Er hatte lange Haare und ein weißes Hemd an mit Schnüren vorne. Er war so anmutig und schön. Er sagte lächelnd: „Wir möchten Dich gern kennenlernen."
Traum leider zu Ende. Danach war ich ganz schön durch den Wind. Da ist doch mal ein Traum, der gern in Erfüllung gehen darf.
Ich möchte Dir aber von meiner alleinigen Musikreise erzählen.
Ich habe es mir in meinem Entspannungszimmer gemütlich gemacht mit Kerzen, Duft und bin dann in meine eigene Musikreise gegangen. Aber ich war nicht allein, nein, ich hatte Begleitung. Ich war sehr

schnell tief in der Musik und hörte eine Stimme die sagte: „ Du hast schön gelesen Claudia!" Dann spürte ich deutlich, wie sich jemand näherte. Ich kann es beschreiben als ein Gefühl von eingehüllt sein und ich konnte es sehr genießen. Das ist wirklich ein großes Geschenk und ich würde es so gern mit Menschen teilen, doch irgendwie ist niemand mehr da. Die Engel habe ich wahrgenommen als Windhauch, sanfte Berührung oder auch Gänsehaut am ganzen Körper. Ich bekam ein Gefühl der Liebe im Solarplexus (Magengegend). Ich war eingehüllt in Liebe und einem Gefühl von absoluter Sicherheit und Geborgenheit.

Doch dann kamen sie, die Ängste. Die Musik war genau richtig. Es waren tiefe Ängste, so wie Urängste, Existenzängste, Angst vor Krankheit und sogar Panik. Ich spürte den Mut in mir, mich zu stellen, es auszuhalten, mitten in meiner Angst.

Nach einer unendlichen Zeit war ich wieder in der Wirklichkeit und suchte einen Text. Sehr geführt nahm ich mein Reisetagebuch zur Hand, denn ich hatte viele dieser Angstreisen hinter mir. Ich las darin folgenden Text:

,Du kannst deine Freiheit nur wirklich erwerben, wenn du die Angst ansiehst, anschaust, wenn du dich traust, inmitten der Angst zu stehen, und es wagst, dort deine Liebe zu bekunden. Das ist auch dein Auftrag in dieser Welt. Weder vor der Angst davonzulaufen, weder vor der Angst in der Welt noch vor der Angst in dir selbst, sondern stehen zu bleiben.

Von Herzen inmitten der Angst gegenwärtig zu sein. Angst ist die Wurzel all der Negativität, die ihr in dieser Welt wahrnehmt. Angst führt bei den Menschen zu Stress und Belastung. Es besteht ein Gefühl von einer Drohung, aufgrund derer Menschen glauben, sich verteidigen zu müssen, sich anderen gegenüber verschließen zu müssen. Angst führt zu einem Mangel an Vertrauen.

Wenn du innerlich ein beständiges Gefühl von Unsicherheit hast, kannst du dich nicht entfalten. Du errichtest Zäune, Mauern, um so ein Gefühl der Sicherheit zu erschaffen, aber das ist Schein. Du wirst dann von den Mauern und den Zäunen abhängig. Früher oder später wird das Leben durch sie hindurch brechen'.

Unbekannt

Konrad, Du bist mir gerade sehr nah. Ich sitze hier eingehüllt in meine Decke und schaue aus dem Fenster. Was würdest Du zu mir sagen?

„Natürlich hast du Ängste und Zweifel und Unsicherheiten. Und wenn in dir alte Ängste wohnen, Unsicherheit oder Verwirrung, betrachte sie mit den Augen eines Lehrers. Eines Lehrers, dessen Herz voll Mitgefühl ist. Voll Verständnis für dich selbst. Das ist der schnellste Weg, die Schatten zu lösen. Nicht indem du sie wegdrängst, verleugnest, nicht indem du an ihnen arbeitest, in dem Sinne, dass du mit Tricks und Kniffen davonkommen kannst. Sondern indem du wirklich und mit Liebe die Schatten in dir selbst anschaust."

Und diesen Weg nach innen empfinde ich manchmal als schwer, Konrad, weil meine Aufmerksamkeit im Alltag vom inneren Kern fortgezogen wird, und es gibt da draußen so viel, das an mir zieht. Erwartungen, Forderungen, Überzeugungen, was wie sein muss und wie es sich gehört. Mich an die Welt da draußen anzupassen, ist fast zu meiner zweiten Natur geworden.

Doch die Welt außerhalb von mir stimmt oft nicht mit der Welt IN mir und mit dem, was ich dort empfinde und erlebe, überein.

Ja, Konrad, mit Liebe und Mitgefühl für mich selbst. Wie oft vergesse ich das.

Mir kommt mein Traum in den Sinn und die Gedanken, ob ich denn die wahre Liebe aushalten könnte. Einen liebevollen Partner, voller Respekt und Achtsamkeit. All die wahre Nähe, die dazu gehört. Der Blick, der in die Seele geht. Keine Partnerschaft aus der Bedürftigkeit heraus, sondern aus der Eigenverantwortung und Größe. Ein gegenseitiges Wachsen und auch freuen daran. Eine Beziehung auf Augenhöhe. Nein, ich bin noch nicht soweit. Ich spüre auch hier noch Angst vor dieser tiefen Nähe. Angst, dass mir jemand so tief in meine Seele blickt und nur MICH wirklich meint. Jemand, der mich sieht. Ich habe Angst vor Verletzung.

Ich stöbere in Deinem Buch, das Du über die Liebe geschrieben hast.

Rezept für die Liebe:

„Man nehme ein Basisgefühl der Verbundenheit mit dem Du und Wir. Dann nimmt man eine starke Prise Dankbarkeit, weil Bewunderung und Achtung dazu gehören. Alle diese Gefühle verstärken wir im Ausdruck, in ihrer zeichenhaften Offenbarung: Ein Hauch von Poesie aus dem Herzen, aus dem Auge, in den großen Werken, bekräftigt das Gefüge. Der magische Nährboden für die Liebe ist

gelegt. Achtung und Bewunderung und nach Auseinandersetzungen die Ineinandersetzung, das vertraute Erzählen, der gemeinsame Gewinn, mit dem wir uns danken. Denn im Lob und Dank wächst der Friede, indem wir befreiend lernen und lieben dürfen gegen die schlechten Ordnungen der Welt.
Es ist schon angerichtet. Wir dürfen uns gegenseitig bedienen. Doch jeder Tag erfordert neue Zubereitung, Kreativität und Fantasie."

Konrad

Lustig war zu diesem Thema mein heutiges Erlebnis. Ich bin in den Waschkeller gegangen, um meine Wäsche zu waschen.

Genau neben meiner Waschmaschine hockte ein dicker, fetter Frosch. Oh, nach dem Märchen sollte ich ihn wohl nun küssen und alles ist endlich in Ordnung. Mein Märchen wird wahr☺. Sehr kosmischer Witz und… Chance verpasst. Ich habe es nicht getan. Ich habe ihn gerettet.

Nun habe ich fast das Allerwichtigste vergessen Dir zu berichten. Am Schluss meiner Musikreise habe ich das Wort „Gott" gehört. Ich habe Verbindung zu Gott gehabt. Ich spürte Angst vor ihm und fühlte eine große Energie. Dann bin ich gefallen. Ich sah deutlich eine Kerze vor mir. Sie sah aus wie gemalt. Wunderschön. Sie brannte und ich wusste, ich bin das Licht – die Kerze ist nur für mich. Der Weg, den ich gehe, ist genau richtig. Geh in das Vertrauen, denn für dich ist gesorgt. In mir ist viel Dankbarkeit und Demut. Gott war mir nie so nah. Ich kannte einiges aus der Kirche, vom Konfirmandenunterricht und aus der Schule. Das habe ich aber nie geglaubt, es war für mich niemals stimmig, was dort alles berichtet wurde. Nun habe ich Gott ganz allein gefunden oder er mich? Auf jeden Fall fühlt es sich so wohlig und sicher an, dass ich mich nun öfter mit ihm verbinden und ihn auch um Hilfe und Rat fragen werde.

„Wenn Du Dich so sehen würdest, wie Gott Dich sieht, würdest Du sehr häufig lächeln."
Heutiges Kalenderblatt

Ach Konrad, erzähl mir von Gott. Schick mir doch einen Traum oder ein Buch. Danke.

Viel Liebe sende ich Dir in das Universum.

Deine Claudia

Im September 2012

Mein geliebter Konrad,

wie geht es Dir denn so bei all den vielen Engeln? Bestimmt sehr gut!?

Ich möchte Dir heute mein Herz ausschütten, denn es geht um meinen Arbeitsplatz. Ich bin so unglücklich und weiß mir keinen Rat. Mein Chef ist sehr verschieden in seinem Verhalten. Mal ist er freundlich, dann wieder lässt er viel liegen. Vorgestern war er mir gegenüber hoch aggressiv und knallte die Tür zum Büro zu. Einen Nachmittag sagte er zu mir, dass trotz der 15 Schmerztabletten seine Kopfschmerzen nicht besser würden und er nach Hause fahren wollte. Ich überlegte, ihn aufzuhalten mit dem Auto zu fahren, doch ich ließ ihn gehen. Ich kannte ihn gut, und er hätte sich nicht aufhalten lassen.
Warum tun Menschen sich das an? Nur um zu funktionieren? Ich bekomme gerade den Impuls ein Buch von Dir zu holen. Dort lese ich:

> „Warum haben so viele Menschen eigentlich Angst, sich selbst zu erkennen, zu akzeptieren und zu prüfen? Meinen sie, sie müssten auf vieles, was sie tun und erreichen, verzichten? Denken sie nicht daran, was sie an

persönlichem Geschick, an Freude und Flow-Erleben gewinnen könnten? Ist es das Sicherheitsstreben, wie es die Zivilisation erfordert: Gehorsam, Anpassung und Funktionieren?"

Konrad

Ja, lieber Konrad. Es ist das Sicherheitsstreben, Anpassung und Funktionieren. Leider ist auch der Gehorsam dabei. Dem Chef über mir muss ich gerecht werden, wie auch immer. Selbst die Gesundheit setze ich aufs Spiel. Wie viel Kollegen kommen krank zur Arbeit, oder viel zu früh aus einer Krankheit wieder zurück. Nach meiner Meditation heute Abend bin ich eingeschlafen und habe sehr klar geträumt:

‚Ich saß in meinem Büro und es waren viele Menschen bei mir. Dann kam mein Chef herein und wirkte abwesend. Ich konnte ihn kaum verstehen und er schwankte. Ich verspürte Angst, deshalb zog ich mein Telefon näher zu mir. Er nahm überschwänglich Kontakt mit den anderen Menschen im Büro auf, und ging von einem zum anderen. Ich zog mir ganz viele Jacken übereinander an und ging aus der Tür. Die vielen Jacken dienten mir als Schutz. Ich ging durch einen Betrieb, überall waren Menschen. In einer Ecke

stand ein Sofa und ich legte mich darauf. Zwei Katzen kamen zu mir und sie waren ganz sanftmütig. Ich streichelte sie. Dann legte ich eine Decke über mich und fühlte mich sehr beschützt und sicher. Ich telefonierte und eine Stimme sagte ganz deutlich zu mir: ‚Geduld. Es ist alles in Vorbereitung.'
Welch eine schöne Botschaft für mich. Ich vertraue darauf. Es geht vorbei.
Aber da sind ja noch mein stiller Raum und die Kurse die bald beginnen. Ich habe schon einige Anmeldungen, vor allem von Männern. Ich freu mich darauf. Vielleicht ist der Raum vor Weihnachten noch fertig. Ich habe schon viele Dinge eingekauft, um ihn gemütlich zu gestalten. Ich investiere viel Zeit und Muße für dieses Projekt. Vielleicht ist mein Chef auch deswegen so ungenießbar, weil es ihm nicht gefällt, dass ich so ein Projekt starte, obwohl ich alles in meiner Freizeit mache.

Ich bin heute nach meinem Feierabend wieder in meinen Wald gegangen, um Ruhe und Stille zu finden. Als ich aus dem Wald kam, sah ich auf der Wiese die vielen Kühe grasen. Ich blieb wie immer stehen, um sie zu begrüßen. Diesmal war es anders. Die Kühe zogen sich zurück, gingen zur anderen Seite der Wiese über einen Hügel. Doch eine Kuh drehte sich um, schaute mich an und kam langsam auf mich

zu. Auf Abstand zu mir und dem Zaun blieb sie stehen, schaute mich weiter an. Ich fragte sie, ob wir uns kennen? Sie kam etwas näher. Ich bat sie noch näher zu kommen und sie ging noch einen kleinen Schritt auf mich zu. Ich pflückte frisches Gras und hielt es ihr hin. Sie schaute und streckte den Kopf so lang, bis es nicht mehr ging. Auch ich streckte mich und erreichte ihr Maul. Sie fraß genüsslich das Gras. Na also, ich freute mich wie ein kleines Kind. Nun kam sie ganz nah an den Zaun und ließ sich von mir füttern. „ Bist Du Konrad?" Da schaute sie mich ganz eindringlich an und streckte den Kopf zu mir. Ich war voller Freude und gab ihr ganz viel frisches Gras. Nach einer Weile drehte sie sich um und folgte der Herde zur anderen Seite der Wiese.
Lieber Konrad, ich weiß dass Du Dich mir in den Tieren zeigst. Es ist für mich ein Wunder. Danke!

Zu Hause angekommen zog ich eine Engelkarte und sie ist sehr passend zu dem Thema an meinem Arbeitsplatz.

> „Deine Botschaft lautet: Bitte die Engel, dass sie Dir helfen, die Bande zu durchtrennen, die Dich an bestimmte Menschen, Dinge oder Emotionen fesseln. Sobald Du Dich von allen inneren Bindungen befreit hast, kann Dich

nichts und niemand mehr emotional manipulieren."

Ich rief Erzengel Michael zu mir, um ihn um Hilfe zu bitten. Ich setzte mich eine halbe Stunde still auf meine Meditationsbank und es tat unendlich gut. Ich nahm mir vor, dies öfter zu tun und mit den Engeln zu wirken. Es gab mir ein gutes Gefühl, denn ich brauchte Antworten und Begleitung. Ich werde mich im Loslassen üben. Irgendwie ist das Leben eine große Universität und ich habe ein Studium belegt. Von der Seite her kann es auch sehr spannend und interessant sein. Der liebe Neuanfang. Das Neue kann nur in mein Leben treten, wenn ich das Alte verabschiedet habe und eben losgelassen.

Ich umärmel Dich so fest ich kann.

In Liebe Deine Claudia

Dies und Das

Geliebter Freund,

Anfang der Woche habt Ihr im Himmel gezaubert, anders kann ich es mir nicht erklären. Als ich am Morgen aus dem Haus ging, um zur Arbeitsstelle zu fahren, sah ich in einen malerischen Himmel. Er war in rote, orange und lila Töne getaucht. Ich spürte Freude in mir. Wie bezaubernd es aussah. Ich fuhr los, und die Sonne ging gerade auf. Sie zauberte ein Licht so stark, dass ich auf einen Feldweg fuhr, um anzuhalten. Was war jetzt wichtiger, als dieses Farbenspiel am Himmel? Nichts und Garnichts und Überhauptgarnichts. Ich stieg aus dem Auto und schaute in den Himmel. Rechts über einem Feld flogen ca. zehn Raubvögel hoch in die Luft. Ich war stumm vor Erstaunen. Die Natur gab mir deutliche Zeichen von Freude, Fülle und auch enormer Kraft. Ich dachte, nichts in der Welt kann mich heute aus dieser Energie bringen. Doch kaum saß ich im Büro, von meinem Chef kam Herablassung und Missachtung zu mir herüber, da sagten die alten Glaubenssätze zu mir: „Einen wunderschönen Guten Morgen liebe Claudia. Du hast keine Freude, Glück oder Erfüllung verdient. Du hast es verdient bestraft, missachtet und schlecht behandelt zu werden. Einen schönen Tag noch." Na ja, irgendwie kann ich auch danke sagen, denn ich habe das Gefühl ein ganz tiefes

Glaubensmuster auszugraben. Nachmittags ging ich wieder in meinen geliebten Wald. Ich habe gesprochen und gebetet. Wieder zu Hause angekommen, kam mir eine Eingebung. Sobald ich voller Freude und Erfüllung bin, gebe ich jemandem die Macht, dies zu zerstören. Glück, Freude, Erfüllung und Sicherheit sind ganz neu für mich. Ich darf lernen alles anzunehmen, es auszuhalten und nicht mehr so misstrauisch zu sein, ich könnte es wieder verlieren, weil ich es nicht verdient habe. Dies ist eine sehr wichtige Erkenntnis für mich gewesen, lieber Konrad. Ich spüre, dass ich viele Werkzeuge an der Hand habe, die mir helfen. Die Musikreisen, Gebete, Texte und Meditation, Du, die Engel, meine Natur und die Tiere. Wichtig ist, wachsam und ganz da zu sein, im gegenwärtigen Moment. Dann kommen die Antworten, egal wie sie auch sind.

Ich erlebe auch lustige Sachen. Gestern bevor ich in den Wald gegangen bin, habe ich ein kurzes Gebet gesprochen. „Hallo lieber Seelenpartner, ich gehe jetzt in meinen Wald, vielleicht hast Du ja auch Lust!" Ich weiß gar nicht, warum ich das gesagt habe, aber ich musste schmunzeln. Ich fand erst einmal ganz viele weiße Federn. Wie schön. Wie Du weißt, finde ich ganz oft im Wald weiße Federn. Auch wenn der Boden nass und matschig ist, finde ich schneeweiße Federn, so wie gerade hingelegt. Ich hörte Walkstöcke,

Dies und Das

Stimmen und mir kamen drei Männer entgegen. Der Mann in der Mitte sah unverschämt gut aus und hatte bei einer guten Figur einen freien Oberkörper. Er lächelte mich an und sagte: „Einen schönen Guten Tag!" Ich bog dann rechts ab und musste mich, zugegebener Weise, noch einmal umdrehen. So jemand ist mir im Wald noch nie begegnet. Das Gebet von mir, vor meinem Spaziergang, redete ich mir mit Erfolg klein. ABER… EIGENTLICH… ICH DOCH NICHT… Da sind sie unsere schönen Unwörter des Jahres ☺ Oh, dazu fällt mir eine Geschichte ein, lieber Konrad, die ich vorgestern noch gelesen habe in einer Zeitschrift:

Für Dich: Dein Unwort des Jahres „ABER".
Ein junger Mann kam zu einem alten Weisen.
„Meister", sprach er mit schleppender Stimme, „das Leben liegt mir wie eine Last auf den Schultern. Es drückt mich zu Boden und ich habe das Gefühl, unter diesem Gewicht zusammenzubrechen."
„Mein Sohn," sagte der Alte mit einem liebevollen Lächeln, „das Leben ist leicht wie eine Feder."
„Meister, bei allem Respekt, **aber** hier musst Du irren. Denn ich spüre mein Leben Tag für Tag wie eine tonnenschwere Last auf mir. Sag, was kann ich tun?"
„Wir sind es selbst, die uns Last auf unsere Schultern laden," sagte der Alte, noch immer lächelnd.

„**Aber**…", wollte der junge Mann einwenden. Doch der alte Mann hob die Hand: „Dieses „**Aber**", mein Sohn, wiegt allein schon eine Tonne…".

Unbekannt

Gestern war ich in meinem Wald. Ich habe auf wunderbare Weise Liebe und Dankbarkeit bekommen. Wie immer legte ich auf den Baumstumpf meine verschiedenen Nüsse ab. Danach setzte ich mich an meinen Baum und wartete. Ich habe mein Eichhörnchen länger nicht gesehen, war mir aber sehr sicher, dass es mich beobachtete. Ich schloss meine Augen. Diese Geräusche im Wald brachten mich sofort in eine sanfte Energie. Die Vögel, das Rauschen des Windes in den Bäumen und das knacken der Äste. Doch ein Geräusch ließ mich meine Augen öffnen. Es war das Eichhörnchen, oder zwei? Nein, es waren drei. So lebendig und so nah. Sie schauten mich keck an, jagten sich den Baum hoch und runter. Wie leicht und fröhlich sie wirkten. Ein Eichhörnchen setzte sich auf einen Ast und schaute mich an. Es wackelte ganz aufgeregt mit seinem Schwanz und gab Laute von sich. Für mich war es ein Dankeschön für all die Nüsse. Plötzlich war ein Eichhörnchen über mir im Baum. Ich war ganz still. Es kam näher und für einen Moment dachte ich, dass es mir auf den Kopf springt. Aber dann war es wieder verschwunden. Es war ein tolles Gefühl. Diese Liebe und Dankbarkeit nahm ich gerne an. Genau das, was sie mir geben und genau die Nähe, die sie mir schenken konnten. Dies war eine tiefe Erkenntnis für mich. Das anzunehmen und zu lieben, was da ist, ohne Erwartungen. Ich danke der Natur und den Tieren sehr, lieber Konrad, ich bin ihnen so verbunden.

Dann möchte ich etwas an Dich, Gott und die Engel abgeben und um Klarheit bitten. Ich bin heute Morgen aufgewacht, mit dem Wissen in mir, das Schreiben anzufangen. Den Buchtitel weiß ich auch, und der lautet „Briefe an Konrad". Warst Du das? Ist dies eine Aufgabe für mich? Dieses Thema ist ja schon sehr lange in mir und fiel mir durch Gegebenheiten auf den Weg. Z.B. hat ein guter Bekannter Texte von mir gelesen und sagte zu mir, warum ich nicht schreibe? Er machte mir Mut und ich machte mich klein. Die zweite Begegnung mit dem Thema hatte ich in meiner Stille. Ich betete vorher und fragte, ob es einen Lebensplan für mich gibt. Dann sah ich nach einer Weile in der Meditation ganz deutlich einen schreibenden Stift. Die dritte Geschichte ist ein paar Jahre her, doch unvergessen. Ich ging mit meiner Freundin, wie so oft im Wald spazieren. Wir sprachen von dem Dichter Rainer Maria Rilke und ich schwärmte, wie schön es sein müsste schreiben zu können und die Worte einander reihen zu dürfen. In diesem Moment fand ich einen Kugelschreiber auf dem Waldboden und meine Freundin sagte direkt: „Dies ist ein Zeichen. Du sollst schreiben." Vorstellen könnte ich es mir schon Konrad. Wir haben viel erlebt ☺. Aber, ob ich schreiben kann? Aber, ich mache ja nun meine Entspannungskurse. Das ist ja auch gut. Nun habe ich doch tatsächlich 2 x ABER geschrieben. Habe ich denn nichts gelernt?? Jedenfalls komme ich immer mehr auf der Erde an und lerne dem Leben zu vertrauen, genauso wie es ist. Ich höre damit auf, mir Scheinwelten zu errichten, wie es sein könnte wenn… Wie sagte H. Hesse so schön:

> „Ich habe an meinem Leibe und an meiner Seele erfahren, dass ich der Sünde sehr bedurfte, ich bedurfte der Wollust, des Strebens nach Gütern, der Eitelkeit und bedurfte der schmählichsten Verzweiflung, um das Widerstreben aufgeben zu lernen, um die Welt lieben zu lernen, um sie nicht mehr mit irgendeiner von mir gewünschten, von mir eingebildeten Welt zu vergleichen, einer von mir ausgedachten Art der Vollkommenheit, sondern sie zu lassen, wie sie ist, und sie zu lieben und ihr gerne anzugehören."

Ich umärmele Dich und sage Dir bis bald. Vielleicht schleichst Du Dich mal wieder in meine Träume. Ich vermiss Dich.

Deine Claudia in tiefer Verbundenheit

Mein stiller Raum

Lieber Konrad,

nun kommt eine schöne Botschaft für Dich. Mein stiller Raum ist fertig. Ich habe ihn eingerichtet, mit schönen Lichtern, Kerzen und Bildern. Schlicht, aber sehr gemütlich. Es sind so viele Menschen interessiert und Anmeldungen zu meinen Kursen habe ich auch schon.

„Nichts ist mächtiger als eine Idee, deren Zeitpunkt gekommen ist."

Mein Kalenderblatt gestern

Es hat mir Spaß bereitet, wieder agil zu sein, Kontakt mit den Handwerkern und Kollegen zu haben. Vor allem mal wieder Entscheidungen zu treffen. Ich habe schon ganz viele Termine in der nächsten Woche, denn der Betriebsrat, der zurzeit stellvertretende Personalchef und sogar der Geschäftsführer, möchten den Raum besichtigen.

Nun kann ich den Menschen Zuwendung, Hilfe und Geborgenheit geben. Endlich werde ich gesehen und bin nicht mehr nur die Sekretärin. Ich bin schon ganz aufgeregt vor den Kursen, da alles neu für mich ist. Ich habe auch noch vor, Klosterfahrten anzubieten.

Im Oktober 2012

Wie Du siehst, lieber Konrad, läuft es prima. Das einzige was mich sehr bedrückt, ist mein Bürojob und meine Rückenschmerzen.

Im Dezember werde ich auf der Betriebsversammlung erwähnt und soll etwas zu meiner Arbeit im Stillen Raum sagen.

Ich werde Dir berichten.

Ganz liebe Grüße an alle von Deiner Claudia

Liebster väterlicher Engelfreund,

meine Entspannungskurse sind gut angelaufen und für die Klosterfahrt habe ich auch interessierte Menschen. Es ist ein wenig stressig für mich, aber alles ist noch neu. Ich will es eben gut machen. Meine Rückenschmerzen machen mir zu schaffen, doch ich will das jetzt durchhalten.

Ich war bei einem Engelworkshop im Allgäu, um auch ein paar Tage Auszeit zu nehmen. Ich wusste nicht, was mich dort erwartet, fand es jedoch hoch spannend. Anna-Maria war eine tolle Frau mit ganz klaren, blauen Augen. Sie leitete den Kurs. Die erste Nacht habe ich gut geschlafen, aber die Rücken-, Nacken- und auch Knieschmerzen waren sehr da. Ich fühlte mich versteift. Der innere Stress der letzten Zeit? Der launische Chef. Die Eltern, die es immer noch persönlich nehmen, dass ich ausgezogen bin. Den stillen Raum einrichten, Kurse geben, Klosterfahrt planen, Ängste, Zweifel! Wo ist meine Leichtigkeit, wo mein Vertrauen? Ich versuchte in den Schmerz hinein zu fühlen und stellte die Frage: "Was willst Du mir sagen?" Sehr spontan kam die Antwort: „Du bist so verkrampft!" Ich spürte die Engel sehr intensiv um mich herum.

Als wir uns im Raum trafen, der ungewöhnlich klar war in den Energien, erzählte jeder ein wenig von

sich. Wir waren nur eine kleine Gruppe. Als Juliana erzählte, wie sehr sie sich einen Partner wünschte und so darunter litt allein zu sein, machte sie mich wütend. Warum nur? Ich wünschte mir doch auch einen Partner. Aber sie war so verkrampft dabei. Danke für den Spiegel. Anna-Maria sagte zu ihr, sie solle aufhören ihre Zukunft zu planen. Der Mann kommt nicht mehr – na und?... Lach es weg. Du kannst es nicht kontrollieren. Bete an die Engel diesen einzigen Satz: „Nehmt mir bitte dieses Fixiertsein!"
Irgendwie sah ich mich auch darin und merkte mir diesen Satz.

Am Nachmittag sollten wir versuchen an uns selbst einen Brief zu schreiben. An unser inneres Wunderkind. Ich schrieb folgende Zeilen:

Liebes innere Wunderkind,
ich bitte Dich, meinen Verstand auszuschalten, um dem Wunder in mir Raum zu geben. Lass Wunder geschehen und hilf mir, sie zu sehen und auch anzunehmen. Mein Ego ist stark und will mich beherrschen. Hilf mir, dass das Wunder stärker ist und Raum in mir findet. Ich will Dich leben mein Wunder. Ich will an Dich glauben mein Wunder.

Danke liebes Wunderkind.

Anna-Maria fragte mich, ob ich nicht mit dem Schreiben anfangen wollte, denn ihr gefiel der Text. Dieses Thema verfolgt mich wohl. Wir sollten am Ende des Workshops noch einen Text schreiben, was ich in Zukunft ändern möchte. Irgendwie brach in mir einiges zusammen. Wenn ich doch sooo glücklich mit meinen Dingen bin, die ich erschaffe, warum bin ich dann so unglücklich und habe solche Schmerzen? Anna-Maria ermunterte mich, meinen Schlusstext vorzulesen, denn dieser Text kam ganz tief aus mir heraus. Ich las ihn vor, spürte unglaubliche Wut in mir. Die Wut zeigte mir jedoch auf, etwas zu ändern.

Mein Schlusstext lautet:

Schlussstrich
Ich ziehe einen Schlussstrich – Strich – und nun?
Ich funktioniere
Ich übernehme Verantwortung ohne Aufforderung
Ich richte mich nach anderen
Ich spüre meine Bedürfnisse nicht
Ich lasse mich nicht zu, so wie ich bin
Ich lebe mich nicht
Ich lebe meine Leichtigkeit nicht
Ich passe mich an, lächle Erniedrigungen weg
Ich vermeide Konflikte
NEIN!

Ich funktioniere nicht mehr
Ich bin gut genug, so wie ich bin
Ich übernehme Verantwortung, wenn ich will und für mich
Ich richte mich nicht mehr nach anderen
Ich richte mich aus, nach meinem Kompass
Ich lebe meine Bedürfnisse
Ich lasse mich zu. Lebe mich mit Leichtigkeit
Ich passe mich lächelnd an MICH an und liebe mich mit Leichtigkeit

Es waren einige Sätze, die ich mir an diesem Wochenende notiert habe und ich wurde immer nachdenklicher. Hier habe ich für Dich einige aufgeschrieben, wobei mein Gefühl mich wohl nicht täuscht, dass diese Sätze aus dem Himmel kamen, daher war sicher der eine oder andere von Dir dabei. Du möchtest mir etwas sagen. Aber was nur, Konrad?

☺ Jetzt entscheide ich mich ganz bewusst für mein Leben auf Mutter Erde
☺ Ich nehme meinen Platz mit Leichtigkeit ein, auch wenn ich noch nicht weiß, wie
☺ Das Leben nicht denken, sondern leben
☺ Nur die Liebe ist wahr
☺ Ich bin die, ich bin die ich immer war und die ich immer sein werde
☺ Alles ist gut, so wie es ist, ich bin geliebt

☺ Wisse, dass alles was Dir unerwartet wiederfährt, ein Geschenk Gottes ist, das Dir zum Segen gereichen wird, wenn Du es voll nutzt. Nur das wird Dir Schwierigkeiten bereiten, wonach Du aus Deinen eigenen Vorstellungen heraus strebst.

Anna-Maria nahm mich zur Seite und sagte zu mir:

„Fühle Dich. Sei bei Dir und nicht bei den anderen Menschen. Diese fühlen für sich selbst.
Du bist auf Deinem Weg geführt und wisse, es ist immer für Dich gesorgt. Der Zeitpunkt ist immer der richtige.
Verlasse Dich auf Dein inneres Bauchgefühl und nicht auf Deinen Verstand.

Erzengel Michael ist fest an Deiner Seite."

Ich fuhr am Sonntag nach Hause und dachte über einige Dinge nach. Sollte ich vielleicht kündigen? Sollte ich dies oder das tun? Und da war ich schon wieder im Denken. Die Engel sind mir ein großes Stück näher gekommen in dieser Zeit. Ich nahm mir vor, sobald ich im Kopf, im Denken war, zu beten, mehr zu meditieren und in Zwiesprache mit Gott zu gehen. Irgendetwas ist da lieber Konrad, was ich noch nicht weiß. Ich bekomme es sicher gezeigt, wenn der Zeitpunkt richtig ist.

Ich drück Dich und bitte begleite mich, beschütze und behüte mich. Danke.

In Liebe Deine Claudia

PS. So einen Transformationsrausch hatte ich lange nicht mehr, wie an diesem Wochenende ☺

Sei erschütterbar

Hallo lieber Konradengel,

welch ein Schleier der Traurigkeit doch in dieser Woche über mir liegt. Dazu die Rückenschmerzen.
Ich bin sehr im Kontakt mit meinen Engeln und der Natur. Immer wieder bete ich, frage und höre ich. Was ist nur los?
Heute schreibe ich Dir und heute weiß ich es. Ich habe eine Lektion bekommen, die mich aus dem Gleichgewicht wirft. Wut, Verletztheit, Ungerechtigkeit, Trauer, Körperlicher Schmerz. Alles da. Ich darf lernen Vertrauen in das Leben zu haben, egal wie dunkel es im Moment auch ist.
Mein Chef hat vor ein paar Tagen seine Unzulänglichkeiten im Beisein des Personalchefs auf mich projiziert. Er sagte zu mir, dass um 11:00 Uhr ein Gespräch zwischen uns drei stattfinden wird. Ich fragte ihn, um was es geht und ob wir das nicht allein regeln könnten. Er verneinte, er würde nicht mit mir allein sprechen. Es lief nicht gut zwischen uns, das wusste ich auch. Wir haben jedoch immer das Gespräch gesucht. Nun gleich mit dem Personalchef, der neu angefangen hat und den ich noch nicht kannte. Mein Chef kennt ihn jedoch gut aus alten Zeiten. Eine nicht schöne Situation für mich. Ich war nervös, habe alle meine Engel gebeten am Gespräch teilzunehmen und mir die richtigen Worte zu schenken. Ich atmete und

wurde ruhiger. Im Gespräch hagelte es Vorwürfe von meinem Chef, wie schlecht ich arbeite, wie unfähig ich wäre und das mir das Pflichtbewusstsein fehlt. Er war sichtlich nervös und ich sagte nichts. Ich hörte nur zu. Er fragte immer wieder, wie ich das ändern will und ich sagte nichts. Der Personalchef sagte auch nichts. Bis zum Ende sagte er nichts. Mir fehlten die Worte einfach nur. Ich brachte zwischendurch noch raus, welche Qualifikationen ich besitze und ich mich stets loyal verhalten habe. Mein Chef drohte mit Versetzung. Ich nahm dies zur Kenntnis und beendete das Gespräch. Ob es nun richtig war oder nicht. Ich wollte mich dem nicht länger aussetzen.

Ich dankte meinen Engeln für die Kraft, die ich in dem Gespräch bekam. Nichts zu sagen, zu merken jedes Wort wäre nun zu viel, alle Vorwürfe im Raum stehen zu lassen, bedeutet sehr kraftvoll zu sein. Mein Chef wollte Worte der Verteidigung von mir, Worte die er aufgreifen konnte, um weiter zu machen. Doch er fiel in eine Hilflosigkeit, weil diese Worte von mir fehlten. Ich habe mir dies nicht vorgenommen, lieber Konrad. Es war so in mir. Intuition.

2 Tage danach, bin ich zum Personalchef gegangen, um mit ihm zu sprechen. Er konnte tatsächlich sprechen. Er wollte mich beruhigen, dass es nicht um Versetzung ging. Mein Chef wollte mir so eine Art Denkzettel verpassen. Er wüsste ja um meine Quali-

täten. Sollte ich mich etwa darüber freuen? Ich schüttelte innerlich den Kopf und bekam durch diese Aussage viel Kraft in mir. Was für ein Spiel. Laut und klar bat ich um meine Versetzung. Der Personalchef versuchte alle möglichen Dinge, mich noch einmal in ein Gespräch zu bringen, sogar mit dem Betriebsrat. Ich wiederholte nur meinen Satz. Ich bitte um meine Versetzung. Beharrlich. Irgendwann gab er auf und spürte wohl, dass ich es ernst meinte. Er wirkte genervt, fragte mich, was ich mir vorstellen könnte. Ich erzählte ihm vom Stillen Raum, den Kursen, meiner Ausbildung als Entspannungspädagogin und dass ich gern in der Gesundheitsabteilung arbeiten würde. Ich sah, wie er oft wegschaute und unruhig wurde. Der Personalchef informierte mich darüber, dass in der Gesundheitsabteilung keine Stelle frei sei und er würde schauen wo er mich „unterbringen" könnte. Ich hatte das Gefühl, dass meine Qualifikationen, die ich erlernt habe nicht zählten für ihn. Der Stille Raum gehörte dazu. Mich überkam eine solche Scheißwut auf dieses Machtgehabe und dachte ganz doll an Dich.

Am nächsten Tag hatte ich wieder einen Termin bei meinem Lieblingsosteopathen. Er sagte zu mir, dass dieses Gespräch ein Schock für mich war und sich die Organe verkrampft haben. Er half mir. Er half mir auch mit Worten. *„Gehen Sie, lassen Sie das Alte* *hinter sich. Lassen Sie das Neue zu. Sie bekommen Freiraum. Führen Sie sich selber. Seien Sie für sich da."*

Am Abend, als ich zu Hause war, lag ich in meinem Entspannungsraum und fühlte mich einfach nur leer. Ohne Erwartungen, ohne Kontrolle. Ego war weg. Ich erwarte nichts mehr in meiner Entspannungsarbeit, ich erwarte auch keinen Partner mehr, ich erwarte von MIR nichts mehr. Ich kapitulierte. Ich habe mich lange nicht mehr so gefühlt, so müde, so erschöpft.

Ich schlief ein und ich träumte:

Mein Chef legte sich im Traum neben mich und hat sich an mich gekrallt. Ich wollte mich befreien, meine Muskeln waren wie gelähmt. Ich konnte nicht schreien. Ich versuchte an das Telefon zu kommen, um jemanden anzurufen. Meine Hände wollten einfach nicht greifen. Es war der Horror. Irgendwie habe ich es geschafft aufzuwachen und hatte Herzklopfen. Er wollte mir nur eine Lektion verpassen, aber versetzen wollte er mich nie. Er braucht mich, er weiß genau, wie ich ihm immer den Rücken frei gehalten habe. Wie habe ich unter ihm gelitten, das wurde mir gerade sehr klar mit diesem Traum. Ich betete zu Gott: „Lieber Gott, mach meine Seele heil und schenke mir Kraft". Die Tränen rollten und ich schaute in mein Teelicht. Es brannte nur noch mit einer sehr kleinen Flamme und wollte erlöschen. Da sagte ich zu Gott:

Der Zusammenbruch

„Schau, so fühle ich mich gerade – ausgelöscht." Plötzlich flackerte die Flamme wieder auf, wurde größer und brannte schließlich weiter. Dies ist Magie und mit viel Trost verbunden. Danke.

Die Verlierer
Nicht die Sieger
mit ihrer Gleichgültigkeit
werden uns helfen
sondern die Verlierer
mit ihrer Enttäuschung
ihrer Unruhe und Sehnsucht,
die Wund sind
von einem geborstenen Leben
die jetzt ihr Gesicht
in den Händen vergraben
weil es ihnen schwarz
wird vor Augen.
Die Nachher
von einem Ort
zum anderen laufen
auf der Suche
nach denen,
die verstanden haben.
Walter Helmut Fritz

In unendlicher Verlorenheit, Deine Claudia

Im Dezember 2012

Geliebter Freund Konrad,

mein großer Tag, 08.12.2012. Betriebsversammlung mit Weihnachtsfeier. Um 17:00 Uhr Beginn. Ich sollte vorgestellt werden, mit meinem Projekt Entspannung und Stiller Raum. Ich wollte mich besonders hübsch anziehen, doch mir wurde immer schlechter vor Schmerzen im Rücken, das Bein war ganz taub. Am frühen Nachmittag rief ich meine Tochter an und sie kam sofort zu mir. Sie legte sich in meinen Rücken und diese Nähe tat mir sehr gut. Sie kannte mich und brachte mir schonend bei, dass sie einen Arzt holen wird.

Der Arzt orderte sofort einen Krankenwagen und Angst schlich sich ein. Ich betete die ganze Zeit tief in mir. Ich muss allen Engeln ziemlich auf die Nerven gegangen sein. Der Krankenwagen fuhr in eine Art große Garage im Krankenhaus und da sah ich sie. Eine riesengroße Uhr. Es kam mir vor, als ob sie genau dort hing, wo ich sie aus dem Krankenwagen heraus sehen konnte. Groß, rund, gerade aufgehangen, nur für mich. Es war Punkt 17:00 Uhr. Doch erst viel später habe ich erkannt, was mir das Leben zeigen wollte mit dieser Uhr, mit dieser Zeit. Der Anfang der Betriebsversammlung, 17:00 Uhr, und ich lag hier, stand nicht auf der Bühne.

Ich war mit mir und meinen Schmerzen beschäftigt. Meine Tochter war da und das war das Wichtigste überhaupt. Ihre Anwesenheit war so wohltuend für mich.

Ich kam in ein Zimmer und lag am Fenster. Die anderen 2 Betten waren mit Plastikfolien abgedeckt. Es war richtig gemütlich. Aber lieber Konrad, es schneite, und wie. Es schneite dicke Flocken. Ich bekam Schmerzmittel für die Nacht und fiel in einen tiefen Schlaf.

Am nächsten Morgen kam meine Tochter mit Elias, ihrem guten Freund und brachten mir meine persönlichen Dinge. Ich freute mich sehr sie zu sehen. Die beiden erzählten mir, dass sie in meiner Wohnung gestanden hätten und überlegt haben, was mir wichtig wäre und was mir gut tun könnte, um es mir mitzubringen. Sie öffneten ihren Rucksack und fingen an, mir die Dinge auf mein Bett zu legen. Meine Engelkarten. Mein Engelbuch. Mein MP 3 Player. Meine Musik. Meine Steine. Sogar einen Discman, damit ich meine Engelmeditationen hören konnte. Sie strahlten mich an und ich ließ meinen Tränen freien Lauf. Oh, ein paar Socken und T-Shirt waren auch dabei ☺. Wie wertvoll die beiden für mich waren, war schwierig in Worte zu fassen. In mir machte sich eine große Dankbarkeit breit und ich drückte beide vorsichtig.

Im Dezember 2012

Am Montag ließ ich Untersuchungen über mich ergehen und drei Ärzte standen an meinem Bett und erzählten mir alles über meinen nicht so leichten Bandscheibenvorfall. Ich versuchte alles aufzunehmen und zu verstehen. Operation, Spritzen, Medikamente... Doch ich betete: „Sagt mir was ich tun soll. Danke"! Die Ärzte gingen und ich fühlte mich hilflos. Da ging die Tür auf und einer von den drei Ärzten kam zurück. Er sagte zu mir, dass er mir raten würde, es auf die konservative Weise zu behandeln, also ohne Operation. Schonung, Wärme, Physiotherapie, Medikamente. Es gibt gute Erfolgschancen. Eine Operation wäre auch nicht immer erfolgsversprechend, da sich Vernarbungen bilden können. Dann ging er wieder.

Da war sie in mir, die Entscheidung, denn für mich war dieser Arzt von Euch Engeln geschickt worden. Eine Klarheit überkam mich und ich wusste, dass ich mich nicht operieren oder spritzen lassen würde. Danke an all meine Helfer im Universum.

In Liebe, Demut und großer Dankbarkeit...

Claudia

Das langsame Wiederaufstehen

Im Dezember 2012

Liebster Konrad,

nach ca. einer Woche Aufenthalt im Krankenhaus bin ich wieder zu Hause. Viel kann ich nicht bewältigen. Vor allem kann ich kein Auto fahren, denn es fehlt mir die Kraft im Bein. Nun darf ich die Langsamkeit lernen.

Meine Tochter ist sehr für mich da und wir suchten nun einen Physiotherapeuten. Ich zwinkerte meiner Tochter zu, sagte zu ihr, dass die Verwechslung vom Mann an der Talsperre doch gut war. Marcel ist nämlich Physiotherapeut. So fuhren wir zu ihm und ich lernte ihn nun doch noch kennen. Er war freundlich, verwies mich jedoch auf seine Eltern, denn er konnte mich nicht behandeln. Die nahmen mich freundlich auf und schickten mir eine Physiotherapeutin nach Hause. Frau Lang kommt nun regelmäßig und wir arbeiten zusammen. Es ist anstrengend, doch sie geht gut auf mich ein. Frau Lang sagte zu mir, dass ich mich ausruhen sollte, damit ich wieder in meine Kraft komme.

Bis bald lieber Konrad und einen Kuss in den Himmel von

Deiner Claudia

Geliebter Engelfreund,

ich liege hier auf der Couch, die Beine auf dem Bandscheibenwürfel. Das ist ganz angenehm so. Der Hund von meiner Tochter liegt neben mir. Sie ist so heilend. Ihr Blick. Ihr Seufzen. Sie passt auf mich auf.

Morgen ist Heiligabend. Ein Freund hat mir einen Weihnachtsbaum aufgestellt und ich habe ihn geschmückt. Mal im Stehen, mal im Sitzen. Die Übungen helfen gut. Ich schaffe es sogar schon, meine Schuhe zuzubinden. Am Abend und in der Nacht kommen die Schmerzen, das ist auszuhalten. Meistens stehe ich dann auf und laufe den Flur auf und ab.
Meine Tochter und ich sind am Heiligen Abend zu meinen Eltern gefahren. Erst war da Freude in mir ‚nach Hause' zu kommen, aber meine Eltern verhielten sich sehr zurückhaltend. Irgendwie war mir die ganze Zeit kalt. Viel gesprochen haben wir nicht und in meinem Verstummtsein rief ich die Engel und bat um Unterstützung. Ich spürte Leere. Da war nur Leere in mir. Kein Groll. Keine Wut. Kein Wort. Meine Tochter bekam ein Geschenk. Ich nicht. Brauche ich dies für mein Leben, für meine Heilung? Sollte ich mich mehr zurückziehen?
Viele Fragen waren in mir Konrad, doch ich wusste, dass ich mich auf meine Intuition verlassen konnte.

Ich wollte einfach nur zu mir selbst finden und die Zeit für meine Heilung nutzen.

Meine Tochter und ich haben danach noch einen schönen Heiligen Abend verbracht. Ich liebe sie sehr. Bei mir hat sich ein ganz neuer Tagesrhythmus ergeben und ich lasse mich ein. Morgens beim Frühstück lese ich immer einen Text aus meinem Buch ‚Kraft des Loslassens'. Es begleitet mich und heute stand dort, dass ich vielen Dingen entwachsen bin, so wie Kinder ihren Kleidern und Spielzeugen entwachsen. Ich versuche im Hier und Jetzt zu sein und mir keine Gedanken zu machen, wo mich die Firma denn unterbringen wird. Wenn ich in die Zukunft gehe, kommen viele Zweifel und Ängste hoch. Ich lasse auch nur positive Menschen zu, die mir gut tun und mir keine Geschichten über andere Bandscheibenvorfälle erzählen. Ich spüre in mir, dass ich mich von einigen Dingen innerlich lösen darf, um mich ganz zu fühlen, frei zu fühlen und im Frieden zu sein. Dazu gehört auch diese Firma. Richtig glücklich war ich 30 Jahre nie dort. Es war eher ein ‚ich muss ja Geld verdienen'. Ich gehe viel in die Entspannung, mal mit Musik, mal ohne. Ich bitte Erzengel Michael, mich von der Firma Stück für Stück zu befreien, und oft begegnet mir der Satz: ‚Habe Vertrauen in Dein Leben'. Ich übe mich darin in der Gegenwart zu bleiben, mache meine Rückenübungen und gehe die Straße auf und ab. Bewegung fühlt sich gut an für mich. Ich fühle aber auch, dass ich noch im Widerstand verharre. Ich habe Wut und Zorn in mir auf die Vorgehensweise meines Chefs. Ich habe sogar Rachegefühle in mir, andere für den Schmerz zahlen zu lassen, von denen ich glaube, dass sie meinen Schmerz verursacht haben.

Ich bin mutig gewesen, Konrad, und habe in meinen Büchern über Körper und Seele nachgeschaut, was es auf der Seelenebene bedeutet einen Bandscheibenvorfall zu haben. Das habe ich die ganze Zeit vermieden. Ich wollte wohl unbewusst die Wahrheit verdrängen. Dort steht (beim Vorfall im unteren Rücken):

„Fühlt sich vom Leben im Stich gelassen. Unentschlossenheit. Unsicherheit. Wut. Emotional nicht von anderen unterstützt zu werden. Etwas in dir hat sich verklemmt, so bist du steif und unbeweglich geworden. Vielleicht hast du dir auf der Suche nach Liebe und Anerkennung zuviel aufgeladen, und jetzt stehst du unter einem Druck. So wirst du nun zur Ruhe gezwungen, dies ist eine gute Gelegenheit und eine Aufforderung deine Situation zu betrachten und neu zu ordnen. Habe den Mut zur Unabhängigkeit von der Meinung anderer, und öffne dich für das innere und äußere Leben, dann wirst du wieder beweglich und frei. Wenn du Vertrauen in das Leben hast, wird es dich immer unterstützen – sei offen für diese Unterstützung. Jede Erkrankung des Körpers hat ihre Ursache in der Seele, denn sie erinnert Dich so an dein wahres Selbst."

Quelle: Louise L. Hay, Gesundheit für Körper und Seele.
Bodo J. Baginski und Shalila Sharamon,
Reiki Universale Lebensererergie

Ja, ich fühle mich emotional **nicht** unterstützt, dazu gehört auch meine Familie und ich trage einige Wut und auch Groll in mir. Ja, ich habe mir zu viel aufgeladen mit dem Stillen Raum, um im **Außen** die Anerkennung zu bekommen und ja ich stand unter Druck, denn ich spürte, dass mein Projekt ein großes Ärgernis war für mein Chef und er deshalb gegen mich agiert hat. Ob ich das alles verstehe? Nein Konrad, noch nicht alles, nur einen Teil. Aber mir wird Zeit geschenkt, daher werde ich in das Vertrauen gehen und hören, was ihr mir zu sagen habt. Ein wenig verstehe ich schon, dass ihr mich rausgeholt habt aus der Situation, aus der Firma, um mich zu erholen, um hinzuschauen, um mich ganz neu zu ordnen. Gewusst habe ich es, als ich aus dem Krankenwagen heraus die Uhr sah. **17:00 Uhr.** Ich wollte es jedoch überhaupt nicht wahr haben.

Liebe Umärmelung von Deiner Claudia

Hallo geliebter Konrad… Du Engel Du…

Ein Neues Jahr ist da. Ich hatte eine Nacht mit Schmerzen, doch ich weiß die Schmerztabletten zu schätzen. Leider träume ich nicht mehr, seit ich die Schmerzmittel nehme. Es ist einfach still.
Schon um 08:00 Uhr am Morgen bin ich rausgegangen. Ich musste in die Bewegung kommen. Menschenleer. Da sah ich ein Eichhörnchen über den Friedhof huschen. Wie schön. Ein neues Jahr hat begonnen und ich sehe ein Eichhörnchen. Wie sehr mir der Wald fehlt. Wie sehr mir mein Baum fehlt. Aber ich kann kein Auto fahren und ich traue mich noch nicht so weit weg von zu Hause. Ich sah am See die Schwanenfamilie. Die Kleinen sind schon recht groß geworden und zum Teil haben sie schon weiße Federn. Ich dachte darüber nach, wer noch von meinen Freunden da ist und mich besucht. Das Gefühl der Veränderung kam in mir hoch und ich wusste, dass es sich für mich verändern wird. Ich will jedoch wissen wie und das macht mich manchmal ganz verrückt.
Meine Tochter hat mir ein Buch geliehen und ich wollte es erst nicht lesen. Dann jedoch vertiefte ich mich darin. Dort stand:
„Und Du solltest nie in die Zukunft vorspulen. Denn jedes Mal, wenn Du das tust,

nimmst Du Dir selbst den Weg dorthin weg, den Moment der Gegenwart, der ja letztlich das Einzige ist, was wirklich zählt."

Evermore

Ja, lieber Konrad, ich benötige Wartekraft. Ich weiß nicht was auf mich zu kommt und das ist auch gut. Ich darf nun heil und gesund werden. Sonst zählt nichts. Ich gehe jeden Tag in die Musik und rufe die Engel zu mir. Ich bitte um Heilung und weniger Schmerzen. Ich bete jeden Morgen und lese einen Text aus meinem Buch des Loslassens.
Wie mache ich das nur? Wie lasse ich all das Leid, Opferrolle, Wut und vor allem die Angst los? All das ist sehr tief in mir. Ich habe heute Nachmittag eine tiefe Reise gehabt und danach kamen mir viele gute Erkenntnisse. Diese möchte ich Dir gern schreiben.
Da war einmal die Wut, dass ich bestimmte Angelegenheiten nicht mehr zum Leben brauche. Das gab mir Kraft. Ich spürte, dass mich mein EGO immer wieder verführte in den Kampf zu gehen. Ich möchte bestimmte Dinge anders lösen, um den alten Schlingen zu entkommen. Ich möchte mich lösen von alten Anteilen und keine Kompromisse eingehen. Ich bin hier, um zu leben und nicht, um zu gefallen. Ich stecke noch sehr in meinen Dramen-Programmen drin wie z.B.: ich werde nur ausgenutzt; ich bin ungeliebt; mich hört und sieht niemand.

Das bringt mich dazu einzufordern! Dieses Einfordern geschieht aus dem Mangelgefühl heraus und alles dreht sich im Kreis. So fühle ich mich schrecklich einsam und auch traurig. Dann kommt die Sehnsucht mit Dir zu sprechen und Du bist nicht mehr da.

Doch da ist das Buch von meiner Tochter. Ich bin schon bei dem zweiten Band. Dort habe ich einen Textabschnitt gefunden, der zu meiner Situation gut passt und der lautet so:

> „Die Technik macht so rasante Fortschritte, sie macht das vertraute immer schneller überflüssig. Aber während alles um uns herum ständig im Fluss zu sein scheint – in ihrem tiefsten Inneren bleiben die Menschen gleich. Wir suchen alle immer noch genau das, was wir schon immer gesucht haben – eine Unterkunft, Nahrung, Liebe. Und wenn die Grundlagen erst einmal abgedeckt sind, wenn für Nahrung und Unterkunft gesorgt ist, dann verbringen wir den Rest unsere Zeit mit dem Bemühen, geliebt zu werden."
>
> Evermore. Das Schattenland

Meine Freunde um mich herum haben Stress und keine Zeit oder versprechen zu kommen und tun es nicht. Eine Arbeitskollegin kommt mich regelmäßig besuchen. Sie bringt mir selbstgebackenes Brot und Marmelade mit. Was mir jedoch so fehlt, ist, in den Arm genommen zu werden.

Also, lieber Konrad, was darf ich lernen? Ich brauche mich nicht um jeden zu kümmern der krank ist oder in einer Krise steckt. Dieses Helfersyndrom darf ich wohl loslassen. Genau das ist meine Lernaufgabe. Du sagtest mal zu mir, wie wichtig ich bin, ich mich selbst zu einem besonderen Menschen mache und ich auf mich selbst aufpassen soll, denn niemand sonst tut es.

Heute Abend habe ich zu dem Engel der Klarheit gebetet:

Lieber Engel der Klarheit. Bitte hilf mir alles zu sortieren. Ich muss gar nichts fordern. Das habe ich gar nicht nötig. Ich setze mich in das Personalbüro und höre, was sie mir zu sagen haben und in welche Abteilung sie mich versetzen werden. Bitte schenke mir Gelassenheit, Mut, Selbstwertgefühl und Vertrauen. Danke.

Ich umärmel Dich ganz doll und ich hab Dich lieb.

Deine Claudia

Mein geliebter Freund Konrad,

na… zauberst Du gut? Der Himmel war heute Morgen so sehr schön. Ich konnte mich gar nicht satt sehen. Ich komme gerade von meinem Arzt und bin noch weiterhin krankgeschrieben. Das ist auch gut, denn ich kann mir gar nicht vorstellen, wie das Arbeiten gehen soll, den ganzen Tag im Büro. Wenigstens geht das Auto fahren wieder. Eine Freiheit aus der Wohnung raus zu kommen.

Du hast mir heute Nacht eine Botschaft gegeben. Ich habe ganz klar Deine Stimme wahrgenommen: „Mach Dir keine Sorgen um Deinen Beruf, es ist schon alles vorbereitet und festgelegt". Ich wurde sofort wach und schüttelte mich. Ich hatte das Gefühl jemand ist bei mir. So bin ich aufgestanden und spürte mein Unwohlsein. Mein Hals kratzte, mein Bein und mein Nacken schmerzten. Ich bin in das Schwimmbad gegangen und das Wasser war wohltuend für mich. Der Satz von der Nacht war sehr präsent bei mir. Ich darf vertrauen. Warum fällt es mir so schwer?

Weißt Du Konrad, ich meinte immer, dass ich aktiv sein muss, auch bei den Männern. Liebesbriefe schreiben oder E-Mails. Mein Wunsch ist alles fließen zu lassen, um dann zu schauen, was auf mich zu kommt, ohne Kontrolle. Es gibt ganz schön viel zu lernen, meinst Du nicht auch? Übrigens habe ich heute Nacht zum ersten Mal ohne meinen Bandscheibenwürfel geschlafen. Das funktionierte gut. Meine Qi-Gong Übungen tun mir auch gut und es geht mir viel besser. Das mentale und auch das körperliche Wirken zeigt Besserung an. So im Einklang mit mir, kann ich gesunden. Ich bin sehr dankbar heute.

Die letzte Zeit habe ich einen intensiven Kontakt zu den Engeln. Ich spüre sie, bekomme Impulse und Antworten. Ich weiß, dass Du mir hilfst und mich führst. Lieben Dank ,Konrad.

Beim Aufräumen habe ich meine CD wiedergefunden. Chakrenreinigung mit Erzengel Metatron. Diese CD habe ich erst einmal gehört. Ich hatte jedoch einen starken Impuls diese Chakrenreise zu machen, da sie wichtig für mich ist. Ich habe vor langer Zeit ein Buch über die Chakren gelesen und wie wichtig der Ausgleich ist. In der Reikiausbildung habe ich viel darüber gelernt. Nun ist mir das Thema wieder begegnet mit dieser CD. Ich werde es anwenden.

Ich habe mit Anna-Maria einen Telefontermin gehabt. Das tat mir sehr gut. Das erste, was sie sagte, war, dass Erzengel Metatron bei mir ist. Mir fehlten die Worte. Ich habe ihr nicht von der CD erzählt. Ich sollte froh sein, dass sich die Zweifel, Ängste, Leid und Düsternis zeigen, denn ich darf sie annehmen und sehen. Sie wollen sich verabschieden. All die

Dramen wollen gehen. Die Frage stellt sich dann; wer bin ich, ohne all die Dramen?

Anna-Maria sagte, dass ich diese Zeit genießen soll, mit mir allein. Sie dient mir zur Heilung, denn ich brauche mich nicht mit anderen Menschen auseinanderzusetzen. Ich solle den Wiederstand aufgeben und mich dem Leben hingeben. Es wirkt und arbeitet für mich, auch beruflich. Ich sei nicht dafür verantwortlich, dass alle Kollegen entspannt sind. Ich solle mich nun um mich kümmern. Den Stillen Raum könnte ich ja auch für mich in der Pause zur Entspannung nutzen. Ich darf für mich da sein. Ich gehe ein in meine Seelenenergie.

Dies war ein sehr bereicherndes Gespräch mit Anna-Maria. Mir ist so klar, dass hier meine Kindheit in mein Bewusstsein kommt. Ich musste mich um alle kümmern, dass es ihnen gut ging. Auf der Arbeitsstelle suchte ich Anerkennung im Außen und habe MICH dadurch total verloren.

Zum Thema Drama ist mir etwas geschehen, lieber Konrad, was ich so nicht gebraucht hätte. Mein Bein und mein Rücken schmerzten heftig, als ich meine Übungen machen wollte. Panik überkam mich. Schlimmer, es ist schlimmer. Genauso, wie die Ärzte es gesagt haben. Nachgerutscht. Der Bandscheibenvorfall kann jederzeit nachrutschen. Ich sah mich auf dem OP-Tisch liegen. Angst war da, wie lange nicht

Im Januar 2013

mehr. Ich rief die Engel in meiner Verzweiflung und atmete tief, um aus dieser Panik heraus zu kommen. Ich nahm Energien um mich wahr und hörte tatsächlich eine Stimme: ‚Es ist das Drama, welches sich nicht so leicht vom Staub machen will, und zeigt sich nochmal in aller Präsenz. Es klammert noch an Dir'. Ich ging ins Bett, nahm es so an und bat meine Engel, vor allem meinen Heilengel Raphael innig, mich durch die Nacht zu begleiten. Ich fiel in einen tiefen Schlaf. Am nächsten Morgen bin ich neu erwacht. Ganz langsam begann ich meinen Tag und fühlte, dass es mir besser geht. Erleichterung machte sich breit. Mir war noch einmal bewusst, wie viele Mühen ich hinter mir hatte, lieber Konrad. Angefangen von der Kindheit bis hin zu meiner Arbeitsstelle. Da lese ich in Evermore:

„Die Mühen und Schwierigkeiten, die das Leben mit sich bringt, muss man überwinden, um zu seinem wahren SELBST aufzublühen wie eine Lotusblume – dem schönen Wesen, zu dem man bestimmt ist."

Wie schön, eine Lotusblume. Bis bald lieber Konrad. Ich kuschel Dich ganz fest an mich. Danke für Eure Begleitung in meinem Prozess.

In Liebe Deine Claudia

Mein geliebter Konradengel,

was machst Du so? Du passt auf viele Menschen auf, oder? Genauso wie Du es hier auf Erden getan hast. Du hast mir ein Stück Weg gezeigt, und ich bin ihn gegangen. Nun bin ich weiter auf meinem Pfad und manchmal ist es noch schwierig für mich, Deine Zeichen klar zu verstehen. Ich darf mich nicht ablenken lassen im Außen. Es gelingt mir, wenn ich in die Stille gehe, um dort ganz bei mir zu sein. Dann spüre ich Dich und weiß, was Du mir sagen oder zeigen möchtest. Ich habe im Moment ziemlich viel Zeit in die Stille zu gehen und spüre wie es mich weiterbringt. Wir Menschen haben die Neigung in dem Lärm einzutauchen, der um uns herum herrscht, statt tief in die Stille hinein zu lauschen, was SIE uns zu sagen hat. Als sich mein Drama vor ein paar Tagen bei mir zeigte, dass mein Bandscheibenvorfall nachgerutscht sei, habe ich mich Euch anvertraut. Und es war gut so, denn durch meine Hingabe und loslassen, haben sich das Drama, Angst und auch das Leid verabschiedet. Sicher wird es noch einmal einen Versuch starten mich zu knebeln. Aber ich bin nun viel bewusster geworden. Diese Meditationen sind so heilsam für mich. Lieben Dank!

„Nur wer bereit ist, ein Niemand zu werden,
ist fähig zu lieben.

Nur wer bereit ist ein Nichts zu werden, absolut leer zu werden, ist fähig das Geschenk der Liebe aus dem Jenseits zu empfangen."

Osho

Gestern bin ich in MEINEN Wald gegangen. Juhuu. Ich habe es geschafft an meinen Baum zu kommen. Ich war zwar sehr lange unterwegs, aber ich habe meine Nüsse für meine Eichhörnchen niedergelegt. Das war immer Ziel für mich und nun habe ich es geschafft. Eine tiefe Dankbarkeit überkam mich im Wald. Ich stelle mir immer wieder die Frage: „Wer bin ich? Welche Gaben und Talente habe ich? Wie möchte ich wirken und wie lebe ich die Leichtigkeit?" Heute Morgen las ich in meinem Buch „Kraft des Loslassens" folgenden passenden Text:

„Hör auf, Dir über alles Sorgen zu machen, was morgen passieren könnte. Du regst Dich über Sachen auf, die noch gar nicht geschehen sind… und die vielleicht auch nie geschehen werden. Bleib hier, genau hier, in diesem Moment. Was passiert gerade jetzt… was passiert genau hier? Das ist das Einzige was zählt. Dort wird das Leben gelebt. Wenn Du eine wirklich wesentliche Begabung hast, mache Dir darum keine Sorgen; sie schafft sich

Raum, sie zwingt Dich gerade zu, Dich in ihren Dienst zu stellen. Was sich verwirklichen möchte, wird sich verwirklichen."

Wie geht das nur lieber Konrad? Wie schaffe ich es, in so ein Vertrauen zu gehen und im Augenblick zu leben? Wo nehme ich diese Geduld her? Ich will doch wissen, was in meiner Zukunft sein wird, um im Hier und Jetzt ruhig leben zu können. Oder hat es damit gar nichts zu tun? Gestalte ich meine Zukunft, wenn ich im Hier und Jetzt friedlich und zufrieden lebe? Muss ich nicht meine Zukunft planen, gestalten und formen? Sicherheiten schaffen?
So viele Fragen und Du bist nicht bei mir, in Echt meine ich. Doch mein Impuls führte mich zu dem Buch von Osho. Ich schlage wohl immer die richtige Seite auf ☺

„Tiefe Zufriedenheit ist das sichtbare Merkmal der Liebe.
Ein angstorientierter Mensch macht immer Pläne, kalkuliert und arrangiert, sichert sich ab und vergeudet damit sein ganzes Leben."
Osho

Der angstorientierte Mensch. Das bin ich dann wohl, weil ich wissen will, wie es auf der Arbeitsstelle

weitergeht. Ich bin unsicher, wohin ich versetzt werde. Wie schaffe ich es, den Büroalltag, mit meinen neuen Erkenntnissen, und dem Wissen wie heilsam die Ruhe und Stille ist. Ohje.
Diese Zeit im Moment ist ein Geschenk, damit ich lernen darf. Anerkennung im Außen habe ich aus dem Mangel und der Angst heraus gesucht, um geliebt zu werden. Von den Männern, meinen Eltern, meinen Geschwistern, meinen Freunden. Doch wenn ICH liebe, mich selbst liebe, im Augenblick bin, lebendig bete und tief meditiere, verlässt mich die Angst. Dann kommt Klarheit, Unschuld und Furchtlosigkeit. Was mache ich mir Gedanken über meine Zukunft? Ich verpasse jeden Augenblick und damit vielleicht etliche Chancen. Ich weiß, dass das Alte erst gehen muss, bevor das Neue in mein Leben treten kann. Das habe ich von Dir gelernt Konrad. Loslassen heißt, in die Akzeptanz zu gehen, raus aus dem Widerstand. Jede Transformation tut weh, weil ich das Alte für das Neue loslassen muss. Das was sicher ist, gewohnt, vertraut. Das Neue ist völlig unbekannt. Es ist nicht zu sehen. Dies kann Angst auslösen.

Führe mich Konrad, begleite mich und beschütze mich. Danke! Ich umärmel Dich ganz fest. Danke für alles Konrad.
Deine Claudia

Geliebter Freund,

hier kommt nun ein kurzer Brief voller Freude, denn ich träume wieder. Es war ein schöner und friedvoller Traum, den ich gern mit Dir teilen möchte.

Ich sah mich im Traum in einem Büro, an meinem ersten Arbeitstag. Es war leer, ohne Möbel und dort stand nur ein Computer. Überall waren Menschen. Ein Mann saß mir gegenüber, sprach von einem Werksarzt und fragte nach meinem Bein. Dann suchte ich den Personalchef und war plötzlich draußen. Dort war sein Stellvertreter, mit dem ich mich gut verstand. Er war mit etwas beschäftigt. Als ich näher kam, sah ich, dass er einen Grill anzündete mit Holz. Er sah mich, und lächelte mich an. Ich fragte ihn, wo ich hin soll und dass ich ein Büro gefunden hätte. Er meinte: „Ja, genau, dies ist ihr Büro. Es liegt neben dem Entspannungsraum. Das wollten sie doch so gerne". Mich begrüßten Kollegen, freuten sich, fragten wie es mir geht und fachsimpelten über Bandscheiben, ohne mich groß weiter zu beachten. Ich ging gelassen und lächelnd weiter und dachte: „So sind halt die Menschen!"

Ich fühlte mich friedvoll, liebevoll und sogar weise. Traum Ende.

Im Januar 2013

Lieber Konrad, liebe Engel, wenn das ein hellsichtiger Traum war, habt ihr mich begleitet. Dann darf doch der Neuanfang kommen, oder?
Meine Tochter hat früher, als sie fünf Jahre alt war, oft zu mir gesagt:„Mama, ich hab Dich lieb, bis zum Mond und wieder zurück"

So lieb hab ich Euch auch alle.

Von Herzen Claudia

Einsam oder allein?

Liebster Konrad,

da bin ich wieder. Ja, Du siehst ich habe viel Zeit Dir zu schreiben ☺

Ganz ehrlich fühle ich mich ziemlich alleine. Die Menschen um mich herum sind verschwunden. Na, ja…. sie sind noch da, leben irgendwo, doch unser Kontakt ist nicht mehr da. Auch ich habe mich distanziert. Fühle ich mich nun allein oder einsam? Gibt es einen Unterschied? Jedenfalls ist es kein schönes Gefühl.

Ich möchte Dir von meiner Reise erzählen.
Vor meiner Musikreise habe ich mein Ritual begangen. All die Themen die in mir hochkamen, habe ich auf einen Zettel geschrieben und verbrannt. Es ist schon merkwürdig, denn wenn ich anfange zu schreiben, kommt alles von allein in mir hoch, und der Stift fliegt nur so über mein Blatt. Ich fühle mich nicht gesehen, nicht gehört, ignoriert. Ich fühle mich unwichtig, ausgenutzt und ungeliebt. Das sind nur einige, lieber Konrad. Dann bin ich tief in die Musik eingetaucht und habe Dich, die lieben Engel und auch Gott gebeten bei mir zu sein. Ich spürte richtig, wie ich Altlasten tief in mir loslassen konnte, um sie Euch zu übergeben. Dann kam etwas Dunkles. Unzufrie-

denheit, Angst vor Mangel, Angst vor Selbstständigkeit, Unlust in diese Firma zurück zu kehren und sogar Unlust zu leben. Ich empfand die Musik als zärtlich, traurig und einhüllend. Wieder sehr passend zu meinem Gefühlszustand. Ich sah ein Bild von mir, als Kind. Die Musik war so unterstützend und liebevoll, dass ich plötzlich ein tiefes Mitgefühl für die kleine Claudia Emma bekam. Es überwältigte mich. Ich sah mein inneres Kind. Verloren, frierend, klein, zart, scheu, nur mit einem Unterhemdchen bekleidet und einen Teddybär in den Händen, stand sie vor mir. Verschüchtert, unsicher und voller Angst. Ich gab ihr eine Decke, eine Wärmflasche und streckte meine Hand aus. Nun wartete ich geduldig, bis sie kam. Claudia Emma legte sich in meinen Arm, ich deckte sie zu, wärmte sie und streichelte sie sanft. Ich gab ihr Sicherheit, Liebe und Geborgenheit. Kann man das innere Kind nacheltern? All das geben, was es so vermisst hat? Vielleicht ja. Ich nahm auch mich in den Arm und wusste; das ist Selbstliebe. Ich liebe mich. Ich habe Mitgefühl und Liebe stark für mich gespürt und diese Erfahrung hat mich zutiefst berührt. Was da in mir hochkam, war das verletzte innere Kind in mir.

Mir wurde klar, dass meine Eltern es nicht besser wussten damals und niemals bewusst verletzt haben.

Es ist so gut im Augenblick zu sein, denn nur so sind solch tiefe Erfahrungen möglich. Lieber Konrad, ich wurde zu folgendem Text geführt:

„Wenn Du wirklich wissen willst, was Liebe ist, vergiss die Liebe und besinne Dich auf die Meditation.

Wenn Du Rosen in Deinem Garten haben willst, vergiss die Rosen und kümmere Dich um den Rosenstrauch. Du musst ihm Dünger und Wasser geben. Dafür sorgen, dass er Sonne bekommt. Wenn für alles gesorgt ist, werden die Rosen zur rechten Zeit erblühen. Du kannst sie nicht früher hervorholen, kannst sie nicht zwingen, sich eher zu öffnen, und Du kannst von einer Rose nicht verlangen, vollkommener zu sein. Eine kleine gewöhnliche Rosenblüte strahlt die verborgene Herrlichkeit der Existenz aus.

Liebe ist eine Rosenblüte aus Deinem Sein. Doch Du musst Dein Sein darauf vorbereiten: Vertreibe die Dunkelheit und alles Unbewusste. Werde immer wachsamer und bewusster, dann wird die Liebe von selbst kommen, zu IHRER Zeit. Du brauchst Dich nicht darum zu sorgen. Und wenn sie kommt, ist sie IMMER VOLLKOMMEN."

Osho

Die Texte helfen mir sehr. Es geht viel um Geduld und Vertrauen. Es ist ein Prozess und dies benötigt Zeit. Auch wenn es meiner Seele im Moment so gut geht, sie sich ausruhen und meditieren darf, ist der Körper lange noch nicht so weit. Er schmerzt noch, erholt sich sehr langsam. Ich gebe ihm die Zeit und lass mich von niemanden treiben.

Ich bin ganz abgekommen von meinem Thema Allein sein und Einsamkeit. So ist das lieber Konrad. Ich werde Dir im nächsten Brief schreiben, ob meine Erkenntnisse hier schon weiter gekommen sind.

Viele, viele Herzensgrüße an Dich von

Deiner Claudia

Einsam oder allein?

Geliebter Engelfreund Konrad,

wie geht es Dir so? Ich habe mir gewünscht, dass Du mir Zeichen sendest durch Tiere. Das ist immer sehr schön. Doch habe ich letzte Zeit nicht viele gesehen. Es ist halt Winter und ich kann nur sehr vorsichtig und langsam auf dem Schnee und Eis laufen. Ich bitte immer um Schutz, wenn ich losgehe. Danke all Ihr Lieben für Eure Begleitung.

Ach, lieber Konrad. Gestern rief mein Vater an, dass meine Mutter auf der Treppe gestürzt ist und im Krankenhaus liegt. Ich bin mit meinem Vater zu ihr gefahren und es war irgendwie stumm. Mir fehlten die Worte und ich spürte, wie Unbehagen in mir aufstieg. Wir hatten uns nicht mehr viel zu sagen. Es stand viel im Raum. Mir wurde bewusst, dass meine Eltern mich nicht einmal besucht haben. Weder im Krankenhaus, noch bei mir zu Hause. Auf meine Einladungen hin gab es ihre Gründe, warum sie nicht kommen konnten. Nun saß ich hier im Krankenzimmer und in der Gegenwart meiner Eltern kam die Suppe hoch. Stumm hoch. Ich wusste plötzlich, dass ich mich von ihnen distanzieren muss. Ich sah ein Bild vor mir, wie ich an allen vorbei ging. An den Eltern, Geschwistern, Freunden und Kollegen. Niemand sagte: Ich brauche Dich. Ich liebe Dich. Sie ließen mich gehen. Es tat gerade so weh in mir. Ganz allein, niemand braucht mich. Viele Menschen haben jemanden an der Seite. Ich bin ein Niemand. Bücher zu lesen über diese Dinge ist eine Sache, aber sie zu erfahren eine ganz schmerzhafte. Ich fühlte mich leer, total leer in mir, und einsam wie nie in meinem Leben.

Ich wollte wissen, was es bedeutet. Warum gehen die Menschen aus meinem Leben oder warum entlasse ich sie aus meinem Leben? Ich fuhr vom Krankenhaus nicht direkt nach Hause, sondern hielt an der Staumauer des Sees an. Es war der Platz, wo ich damals den Mann auf dem Fest traf und er mich so tief im Herzen berührt hat, ohne mit mir zu sprechen. Es war winterlich und nebelig, richtig mystisch. Ich stand mitten auf der Staumauer, und es war keine Menschenseele zu sehen. ‚Das passt ja zu deinem Zustand des Alleinseins', dachte ich. Im Wald kenne ich es ja, dort sind kaum Menschen anzutreffen, aber hier? Im Sommer war hier Leben, Tanz und Musik. Es war bunt. Jetzt ist es schwarz-weiß. Trotzdem hatte ich das tiefe Wissen in mir, dass alles gut ist, so wie es ist. Mein Plan des Lebens genau richtig verläuft. Ich gebe Altes auf, lasse es los. Ich gebe mich diesem Prozess hin.

Da sah ich sie. Enten. Sie schwammen in einer Gruppe auf dem See. Danke Konrad, ich habe mir Tiere gewünscht und Du zeigst sie mir. Außerhalb der Gruppe rechts, etwas weiter weg, schwamm auch eine Ente, allein. Weiter weg und links von der Gruppe schwamm eine Ente, auch allein und schaute in meine Richtung. Sie schaute mich an und, ich fühlte mich seltsam verbunden mit ihr. Ich hatte das Gefühl, dass diese Enten, die sich von der Gruppe entfernt hatten, mir etwas mitteilen wollten. Plötzlich tauchten die beiden Enten zeitgleich unter das Wasser. Weg waren sie.

Ja, genauso ist es Konrad. Manchmal muss man eben für eine Zeitlang abtauchen. Danke.

„Sei still. Sei Du SELBST. Dann werden sich Türen öffnen. Wenn etwas kompliziert ist, kommt es vom Ego. Geist ist einfach."

Unbekannt

In meinem Entspannungsraum blätterte ich in dem Buch von Osho. Es ließ mich nicht los. Ich habe mich versunken in den Worten. Ich saugte sie auf und verstand immer mehr.

„Natürlich redet jeder von Freiheit, aber keiner hat den Mut wirklich frei zu sein. Denn wenn Du wirklich frei bist, bist du allein. Nur wer den Mut hat, ganz allein zu sein, kann wirklich frei sein. Aber keiner hat den Mut wirklich allein zu sein. Du brauchst jemanden. Warum? Weil Du Angst hast vor Einsamkeit. Du langweilst Dich mit Dir selbst. Wenn Du einsam bist, erscheint Dir alles sinnlos. Sobald Du jemanden hast, bist Du beschäftigt und hast Dir künstlich einen Sinn geschaffen.

Die anderen haben so viele Beziehungen, haben Liebesgeschichten. Sie gehören einander, sie sind Insider. Und ich bin eine solche Einzelgängerin! **Warum??**

Lerne Dein Alleinsein schätzen. Feiere Dein Alleinsein. Nimm es als Geschenk GOTTES mit großer Dankbarkeit an und lebe es. Tanze Dein Alleinsein, singe Dein Alleinsein, lebe Dein Alleinsein! Einsame Menschen können nicht lieben, sie klammern sich an.

Nur ein Mensch, der freudig allein sein kann, hat so viel Liebe, dass er sie teilen kann. Er kann sie mit Fremden teilen. Und alle sind Fremde. Eure Kinder, Euer Mann – vergesst das niemals.

Erst wenn Du mit Deinem Alleinsein in Einklang gekommen bist, kannst Du wirklich in Beziehung treten. Dann werden Deine Beziehungen Dir große Freude bringen, weil sie nicht aus Angst eingegangen werden. So

schmerzvoll es am Anfang auch erscheinen mag, Du musst eines erkennen: Ich bin allein in einem fremden Land.
Diese Erkenntnis ist beim ersten Mal schmerzhaft. Sie beraubt Dich aller Deiner Illusionen – und die waren ein großartiger Trost. Wenn Du aber einmal den Mut hast, die Realität anzunehmen, verschwindet der Schmerz. Und direkt hinter dem Schmerz verbirgt sich der größte Segen der Welt!
DU ERKENNST DICH SELBST."

Osho

Ich hatte das Gefühl, Du sitzt neben mir und sagst mir diese Worte. Du, lieber Konrad hast mir erklärt, was der Unterschied ist, zwischen Alleinsein und Einsamkeit. Und warum es wichtig ist, ein wenig zu fasten, was Liebe und Beziehung angeht. Nur so begegne ich mir selbst. Das ist für mich ein Durchbruch und ich bin gerade sehr dankbar für die geschenkte Zeit. Ich habe so viel gelernt. Ich fühlte mich einsam und dachte mit einem Partner, Freunden oder Familie kann ich die innere Leere füllen. Doch das war und ist Illusion. Durch mein Alleinsein komme ich mir näher. Ich fülle meine Leere. Ich habe **in** mir einen wunderbaren Raum gefunden, den ich mir Stück für Stück einrichte. Dort ist alles. Liebe, Wärme, Ge-

borgenheit, Sicherheit, Mitgefühl. Dort ist Gott in mir. Wenn ich meditiere, gehe ich in diesen Raum bewusst hinein und lege mich auf meine Hängematte oder auf die Kissen. Dort hat niemand Eintritt, dort bin nur ich, dort kann mich niemand manipulieren, kontrollieren oder dominieren.
Dort ist absoluter Frieden.
Geh mit mir, Konrad, in meinen Raum so oft es geht. Nur Du, die Engel, Gott haben Zutritt in meinen Raum. Ihr habt mich dorthin geführt und schenkt mir Heilung.

In Liebe zu Euch. In Dankbarkeit zu Euch.

Claudia

Lieber Konrad,

hier kommt nun eine gute Nachricht ☺.
Ich hatte gestern einen Termin mit dem stellvertretenden Personalchef.
Im Gesundheitszentrum wollten sie eine Halbtagsstelle in eine Vollzeitstelle umwandeln. Die Frau, die an dieser Stelle arbeitet, hat dann gesagt, dass sie schwanger sei und keine Vollzeitstelle annehmen kann. Was für ein Zufall *zwinka*. Genau davon habe ich nachts geträumt, dass ich dort beim Werksarzt arbeiten werde.
Schwupps ist es mein Job. Da wollte ich hin. Nun kann ich sicher bald die Entspannungskurse und Klosterfahrten in meinen Büroalltag integrieren. Ganz bestimmt sogar, denn es ist ja eine Gesundheitsabteilung. Dort darf viel bewegt werden.
Danke liebes Universum. Danke für all die Zeichen. Du hast meinen Wunsch erfüllt. Keine andere Abteilung wäre irgendwie richtig gewesen in dieser Firma. Mein Arzt hat mir eine Wiedereingliederung verschrieben. Ich darf nur stundenweise arbeiten und muss im Stehen und Sitzen variieren.

Ich werde Dir berichten lieber Konrad.

Liebe Umärmelung von Claudia

Im März 2013

Lieber Konrad,

ich möchte Dir heute von meiner ersten Zeit am Arbeitsplatz berichten. Als erstes musste ich viel an Dich denken und wünschte mir manchmal, etwas von Deiner Art zu besitzen. Direkt und geradeaus zu sein. Sätze wie: ‚Ach, Du bist versetzt worden? Ist ja ein ganz schöner Abstieg von der Chefsekretärin in die Gesundheitsabteilung'; oder ‚Bist Du nur geparkt oder freiwillig hier'? Mein Lieblingssatz ist:
‚Bandscheibenvorfall? Willkommen im Club'

Wie sagte Osho so schön?
„Du kannst alles erbrechen, was die Gesellschaft dir aufgezwungen hat."
Das hast Du auch immer gesagt, lieber Konrad. Die Selbsterfahrung beginnt mit dem Erbrechen.
Na gut, ich bin noch nicht gesund, habe noch Schmerzen und bin sehr sensibel. Außerdem kenne ich doch diese Sprüche in der Firma. Habe ich meinen Umgang damit verloren?
Mein Chef erklärte mir alles und ich hörte aufmerksam zu: Statistiken, Charts, Zahlen, prozessorientiertes Arbeiten und Entwicklungen im Betrieblichen Gesundheitsmanagement; Controlling im BGM; Konzepterstellung und Erfolgsfaktoren für die Gesundheitskommunikation; Unternehmenspolitik, Gesetze

und Standards; Ziele; Betriebliches Eingliederungsmanagement (BEM); Krankenkassen und und…
Ob ich noch Fragen hätte?

Mh….Was ist mit Menschlichkeit, Mitgefühl, Sorge tragen für die kranken Mitarbeiter, Entspannungstechniken und Ruheräume für die Seele. Was ist überhaupt mit der Seele?

Doch ich schwieg, lieber Konrad. Ich blieb stumm. Ich spürte meine Erwartungshaltungslöcher, die ich in mir trug, wie sie mich verschlangen. Stiller Raum? Kloster? Kurse? Weit entfernt. Ich werde den Zeitpunkt abwarten und der ist definitiv noch nicht da.
Meine Vorgängerin arbeite mich ein und ich bekam ein Thema nach dem anderen. Erst mal hatte ich ja Schutz, denn ich war in der Wiedereingliederung. Leider interessierte das so gut wie keinen. Das Telefon klingelte unaufhörlich. Ich musste mehrere Werke betreuen. Doch einer beobachtete mich. Der Werksarzt. Er sah mich an und sagte eindringlich zu mir, dass ich noch in der Wiedereingliederung sei und auf mich aufpassen sollte. Er hatte ja Recht. Irgendwie verfolgt mich das Thema der Überforderung schon seit der Kindheit.
Ich ging zeitig und fuhr in das Schwimmbad. Das wärmende Wasser tat mir gut und als ich so schwamm, sah ich einen kleinen Jungen im Wasser. Er war so

fröhlich und stolz, das er schwimmen konnte. Er schwamm mir strahlend entgegen und streckte seine kleine Hand aus zu mir. Ich streckte meine Hand ebenfalls aus, und er berührte ganz zärtlich meine Handinnenflächen und dabei lächelte er mich an. Was für eine Begegnung, die ich wohl immer in mir tragen werde. Es war wie eine Engelbegegnung, die so viel Trost in sich hatte und eine ganz sanfte, leichte Energie.
Ich habe so wunderschön von Dir geträumt Konrad. Ich habe mit Dir getanzt. Langsam, innig, zärtlich, traurig, verbunden. Ich habe geweint und ich habe Dich gehalten. Viel Kraft und Mut hast Du mir geschenkt. Du hast mir eine Botschaft mitgegeben, die mit Liebe zu tun hatte. Doch ich weiß nicht mehr, was es war. Als ich am Morgen ein Buch suchte, fiel mir Osho aus dem Regal, und ich schlug es auf. Mein Gefühl sagte, dass Du mir Deine Botschaft zeigen wolltest. Dort las ich:

> „Einige Menschen haben den Flügel der Liebe und andere den Flügel der Freiheit – doch beide sind unfähig zu fliegen. Dazu braucht man beide Flügel."

Danke! Mir fehlt die Freiheit.
Liebe herzliche Grüße von Seele zu Seele von

Deiner Claudia

So... mein geliebter Konrad,

ich habe nun viel Zeit über Ostern, und daher schreibe ich Dir wieder einen Brief ☺.

Erst wollte ich den Brief damit beginnen zu klagen. Zu klagen über meine Einsamkeit und mein Alleinsein. Meine Tochter ist über Ostern weggefahren und na ja, das mit den Menschen um mich herum hat sich ziemlich ausgedünnt. Aber ich wäre nicht Claudia, wenn ich das nicht nützen würde. Ich will nicht einfach nur WARTEN. Warten, das ich auf der Firma gesehen werde, von meiner Familie oder von meinen Freunden. Ich muss gerade an eine Geschichte denken, die ich mal in einem Buch gelesen habe. Sie ist ein wenig sarkastisch, aber manchmal brauche ich das auch. Du kannst es auch vertragen, das weiß ich. Zum Thema WARTEN:

Ein altes Ehepaar – sie 93, er 95 Jahre alt – sitzt vor einem Rechtsanwalt und will sich scheiden lassen.
„Scheiden lassen?" entfährt es dem Anwalt. „In ihrem Alter? Jetzt wo sie sich gegenseitig mehr brauchen denn je zuvor! Und außerdem sind sie schon so lange verheiratet. Was soll das?"
„Also", sagte der Ehemann, „wir wollten uns schon vor Jahren scheiden lassen, aber wir dachten dann immer, lass uns damit warten, bis die Kinder tot sind!"

Im April 2013

So viel zum Thema Warten. Ich habe überlegt eine Ausbildung anzufangen, die gut zur Entspannungspädagogin passt. Daher habe ich Matrix die Quantenheilung Level 1, 2 und 3 absolviert. Sehr spannend. Es ist eine einfache Möglichkeit, sich von alten Glaubensmustern, Prägungen, negativ erlebte Ereignisse zu befreien, um den Weg in ein Leben voller Gesundheit, Fülle und Lebensqualität zu gehen. Ich sag mal so, es ist Transformation pur gewesen, berührend und auch fröhlich, weil Befreiung stattfand. Dort in dem Zentrum, kann ich auch eine Ausbildung als Heilerin machen. Die Engel sind Begleiter und wir arbeiten mit ihnen gemeinsam. Das gefällt mir sehr. Dadurch würde ich noch viel mehr über die Engel lernen. Ich denke mal darüber nach.

Heute am Ostersonntag steht auf meinem Kalenderblatt: ‚Das Osterlicht ist der Morgenglanz nicht dieser, sondern einer neuen Erde'. Wie schön.
Ich habe zwar kein Erlebnis mit einem Osterhasen gehabt, dafür mit meinen geliebten Vögeln. Es ist so unfassbar und ich bin froh, dass ich Dir all meine Wunder schreiben darf, denn ich habe niemanden, dem ich sie erzählen kann. Weißt Du Konrad, das Leid zu teilen, da gibt es immer Zuhörer und so viele Menschen. Aber Freude zu teilen, ist manchmal wie außerirdisch zu sein.

Mein Osterhasenfest

Der Winter klammert. Er lässt einfach nicht los, hindert am Wachstum und an Entfaltung. Der Frühling hat noch keine Chance. Ich sehe mich selbst, wie mich etwas an meiner Entfaltung hindert, an meinem Wachstum. Immer wieder legt sich eine Schneedecke, eine Kälte darüber. Aber tief in mir weiß ich, dass der Frühling kommt. Er kommt und zwar immer. Also zog ich mich sehr warm an und ging in den Wald. In meinen Wald. Die Taschen voller Vogelfutter. Ich hatte alles dabei und verteilte es an meinem Platz. Ich streute Futter und hing Stangen und Knödel an die Bäume. Wie ein Kind fühlte ich mich dabei, und es machte mir Spaß. Einen Moment verharrte ich dort und war einfach nur glücklich über mein Tagwerk. Als ich aus dem Wald herauskam und den Weg hinunter ging, waren rechts und links auf den Feldern außergewöhnlich viele Vögel zu sehen. Das ist mir noch nie aufgefallen. Es waren auch keine Krähen oder Raben. Ich freute mich jedenfalls sie zu sehen und verstreute mein Restfutter für sie auf meinem Weg. Die Vögel schienen mich zu begleiten und sich zu bedanken. Dann fuhr ich nach Hause und kurz vor einem kleinen Ort sah ich sie. Scharren von Vögeln. Ganz viele waren es, und der Himmel war schwarz vor lauter Vögel. Ich hielt an und war fasziniert von dem Schauspiel. Kein Auto war unterwegs und ich war allein. Ich weiß einfach nicht, was es für

Vögel waren. Tief in mir war ich sehr berührt. Für mich war es ein großes Danke von den Tieren an mich. Wir lieben Dich. Das war mein Osterwunder.

Wer bin ich nur?

Heute am Ostermontag steht auf meinem Kalenderblatt: ‚Wer sich schreibend verändert, ist ein Schriftsteller‘!
Ich bin heute in die wärmende Badewanne gegangen, und mir fiel ein Satz von Dir ein Konrad, den Du gesagt hast. „Ich bade warm in meinen Schwächen". Ich musste laut lachen. Die Schwächen gehören zu mir und ich werde an meinem neuen Arbeitsplatz sehr damit konfrontiert. Nach meinem wärmenden Bad, habe ich eine schöne Musikkreise gemacht. Ich nahm Gott wahr, und er zeigte auf meinen Bauch. Ich hörte das Wort „vertraue". Wie schön, Konrad. Ich bin dann sehr versunken in die Musik und nahm, wie im Traum, Stimmen wahr. ‚Dein Geist ist frei. Dein Geist fliegt. Freiheit pur. Seelenfrieden.‘
Wie sagtest du mal zu mir? „Wenn das Herz denken könnte, würde es aufhören zu schlagen". Ich machte mir einen Tee und dachte an den nächsten Tag. Wie fühlte ich mich wirklich? Jetzt im Hier und Jetzt, ohne jegliche Verdrängung? Ich denke schon am Morgen, was ich nach der Arbeit Schönes machen könnte. Ich

fühle mich fremdgesteuert. Ich fühle mich energielos, denke an Kündigung und wie es wohl wäre. Es ist überhaupt nicht meine Aufstehzeit.
Ich ging in den Dialog mit mir.
Es nützt nichts. Ich kann nicht weglaufen. Stell Dich diesem neuen Job. Du bist an diesen Platz gesetzt worden und es hat seinen Grund. Es war Dein Wunsch, weil Du dachtest, dort kannst Du etwas verändern. Es war ein großes Erwartungshaltungsloch, wo Du hinein gefallen bist. Wie hättest Du es je gewusst, wenn Du nun die Erfahrung nicht machst, dass es um etwas ganz anderes geht in dieser Abteilung, als Du gedacht hast. Gehe aus dem Widerstand und in das Annehmen. Doch es überkam mich dann doch noch. Ich weinte aus tiefstem Herzen. All der Schmerz kam heraus. Der Schmerz der letzten Monate. Die Kälte des Wetters, der Familie, der Freunde, der Arbeitskollegen. All das Alleinsein. Ich weinte und die Engel waren bei mir. Und Du Konrad? Du hieltest meine Hand, wie schon so oft im Leben.
Ich bin total erschöpft vom Weinen und doch fühle ich mich befreiter. Ich habe doch schon so viel geschafft. Ich will immer etwas anderes, anstatt das anzunehmen was da ist.
Ich umärmel Dich ganz doll.

Deine Claudia

Im Mai 2013

Geliebter Konrad,

nun ist es wohl offiziell so weit. Abschiedswochenende. Die Musikwochenendseminare werden so nicht mehr stattfinden. Ich war da und habe bewusst Abschied genommen. Von den wunderbaren Räumlichkeiten, den vielen Erfahrungen, die ich dort erlebt habe. Ich habe noch mal Abschied von Stephanie und Dir genommen. Wir haben alle eine tolle Zusammenstellung wunderbarer Musik bekommen. Welch ein Geschenk. Auf meiner letzten Reise habe ich mir einen Brief geschrieben. Ich habe ihn in der Abschiedsrunde am Sonntag vorgelesen.

Liebe Claudia Emma,
Du bist auf der Suche. Du fragst Dich: „Wer bin ich?" Du möchtest eine Antwort. Das ist mutig. Wirklich sehr mutig. Aber ich sage Dir, es würde Dich zerstören zum jetzigen Zeitpunkt. Du würdest es nicht aushalten. Wie sagte Eva gestern mit liebevoller Güte zu Dir? ‚Glaubst Du also die Claudia Emma steht da draußen und winkt Dir zu? Hallo da bin ich…' Du hast herzhaft darüber gelacht. Das war ein schönes und befreiendes Lachen. Nun gehe weiter. Setze Dich, lege Dich wohin Du auch willst. In das Bett, auf den Balkon, in die Sonne oder lehne Dich an einen Baum. ABER SEI HIER. Hier im Augenblick, denn nur dort bist Du wahr. Bist Du, Claudia Emma, vollkommen. Kümmere Dich in

diesem Augenblick um Dich, um Deine Seele, Deinen Geist und um Deinen Körper. Schweige, gehe in die Meditation. Mach Dich jeden Tag leer und Du wirst erblühen, von ganz allein. Du bist vollkommen, so wie Du bist. Akzeptiere das, was jetzt ist und wer oder was jetzt in Deinem Leben da ist. Daran darfst Du wachsen. Vielleicht wirst Du noch mehr Stille Räume einrichten. Vielleicht wirst du die Menschen so sehr berühren, dass sie in Scharen zu Dir kommen, allein weil Du bist. Du brauchst Dich nicht anzustrengen. Deine Kurse sind dann gut besucht.

Vielleicht wirst Du ein Buch schreiben. Vielleicht wirst Du mit Deiner Trommel in einer Band spielen. Vielleicht wirst Du Vorträge über Deinen Lebensweg und Deine Engel halten. Vielleicht wirst Du der Liebe begegnen. Vielleicht… Vielleicht. Wie sagte Christoph gestern zu Dir? ‚Du suchst ein Leben lang'. Also frage ich Dich. Wonach suchst Du?

Nun sei wieder im Augenblick. Hier in diesem schönen Raum, hier mit diesen wunderbaren Menschen, die irgendwie alle suchen. Jeder auf seine Weise. Und nur dieser Augenblick, diese hohen Energien dieser Menschen, gibt Dir Kraft in Deinen Alltag zu gehen. Greife öfter nach dieser wunderbaren Energie, nach diesen Menschen. Das ist eine Verbundenheit, eine Vergangenheit, die Du gern zwischendurch leben darfst.

Ich schließe nun meinen Brief und drücke Dir meine Achtung aus. Ich verneige mich feierlich vor Dir.

In Liebe. Deine Seele

Ich drücke Dich lieber Konrad und ich weiß, dass Du meinen Brief ganz oft lesen wirst.

Von Seele zu Seele

Deine Claudia Emma

PS. Ich finde den Namen Emma recht schön. Vielleicht sollte ich einen Neustart mit **neuem** Namen **starten**? Was meinst Du?

        Neu   start

Lieber Konrad,

wie oft hast Du diesen Satz gesagt, dass wir Schöpfer sind und keine Anpasser. Dies nehme ich mir gerade sehr zu Herzen.
Ich bin fast am Ende meiner Wiedereingliederung angelangt und ich werde zugeworfen mit Tätigkeiten. Ich fühle mich erschlagen, mache Fehler, Termine laufen weg, ich vergesse einiges. Es sind zu viele und auch wichtige gesundheitliche Themen, zu viele Menschen und Termine, die ich organisiere. Dazu die neuen Programme, die ich nebenbei erlernen muss. Die Abteilung hat dieser Vollzeitstelle sehr viele Aufgaben zugeschrieben. Ich wusste dies leider zu spät. Als ich dem Chef in einem vier Augengesprächen gesagt habe, dass ich Prioritäten benötige, da mir Aufgaben terminlich weglaufen, lächelte er mich an und meinte, dass wir uns gerade finden in der Abteilung…Na super, da suche ich doch mal mit. Das Menschliche kommt viel zu kurz, da ich mit Statistiken, Tabellen, Zahlen und Dokumentationen beschäftigt bin. An Statistiken und Zahlen messen und kontrollieren sich die Menschen. Der Krankenstand, viel zu hoch. Fehlzeiten, viel zu hoch. Der Mensch lässt sich aber nicht an Zahlen messen. Es gibt viele Wiedereingliederungen, viele ernsthaft Kranke. Doch ich habe zu wenig Zeit für ein Gespräch.

Meinen Stillen Raum hat mein Chef noch immer nicht besichtigt, obwohl er begeistert tat. Meine Ideen nicht weiterverfolgt, die ich ihm im Bezug auf den Raum unterbreitet habe. Gern wollte ich halbtags im Rahmen meines Arbeitsplatzes Entspannungskurse geben. Ich habe hohe Erwartungen an diese Gesundheitsabteilung gehabt, das gebe ich zu, doch damit habe ich nicht gerechnet. Nun gut, ich bin an diesen Platz gesetzt worden und soll sicher etwas lernen. Als erstes gehe ich in das Thema Überforderung, denn sie tut mir überhaupt nicht gut. Ich bin Schöpfer und kein Anpasser. Doch wie schnell bin ich zum Anpasser geworden, lieber Konrad. Die Führungsperson hat das Sagen. Sie führt uns und an ihr kommen wir nur schwer oder gar nicht vorbei. Die Flügel sind gestutzt. Ein wenig Frust macht sich breit, doch ich will nicht zu schnell aufgeben. Als ich Dein Buch in die Hand nahm, welches Du vor Deinem Tod geschrieben hast, las ich darin mal wieder den passenden Text für mich:

Tapferer Selbstermutiger

Unser Mut ist oft wichtiger als alles Wissen und Entscheiden. Mut ist Voraussetzung der Selbsterkenntnis. Mut brauchen wir zum Anfangen und zum Dableiben. Mut braucht es

> zum Beenden. Mut ist die beste energetische Motivation –
> ein „kosmisches" Gefühl.

Was mich so anspricht bei Deinem Text ist, Mut zum Dableiben. Danke Konrad!
Der Mai verabschiedet sich mit einem Wunder. Ja, Konrad und zwar mit einem großen, unfassbarem Wunder. Mein Hausarzt hat mich gesundgeschrieben, wollte aber einen Kontrolltermin im MRT zur Sicherheit. Ich fuhr in das Krankenhaus und wartete nach der Untersuchung auf den Arzt. Der Chefarzt der Radiologie hatte 2 große Bildschirme vor sich. Ich saß vor dem Tisch. Er schaute sich den Bandscheibenvorfall am Bildschirm an, dann die neuen, gerade gemachten MRT-Bilder. Er scrollte mit der Maus rauf und runter. Ich hörte wie er murmelte: „Wo ist denn der Bandscheibenvorfall? Wo ist denn der Vorfall?" Zwischendurch schüttelte er mit dem Kopf. Mein Lächeln wurde immer größer. Dann sah er mich an und sagte: „Das kommt äußert selten vor, so gut wie gar nicht, in so kurzer Zeit. Es war kein leichter Bandscheibenvorfall! Er ist nicht mehr sichtbar!" Ich freute mich, wagte aber nicht laut zu lachen oder zu tanzen. Er war so furchtbar ernst. Dann bombardierte er mich mit Fragen: „Wo waren sie im Krankenhaus? Wer hat sie behandelt? Wer hat ihnen geraten, sich

nicht operieren zu lassen? Welche Therapie haben sie gemacht? Wo haben sie Physiotherapie gemacht?"
Lieber Herr Chefarzt der Radiologie. Ich war im Krankenhaus, ja und ich habe fleißig meine Übungen gemacht. Das Heilende jedoch waren mein Glaube und mein Vertrauen. Ich habe mich von meiner Seele führen lassen. Ich habe Matrix entdeckt und habe damit schwere Lasten wie Karma gelöst, Heilung und Liebe integriert. Die höchsten Engel und Gott persönlich waren an meiner Seite, bei Tag und bei Nacht. Tröstend, Liebend! Sie haben mir Zeichen gegeben, mich geführt und geheilt. Heilung hat in mir stattgefunden, im Körper, im Geist und in der Seele, nicht nur im Rücken. Ich habe mich nicht an meine Angst geklammert, sondern bin mutig durch sie hindurch gegangen, sie ausgehalten und gelöst. Soviel habe ich erkannt, was mir mein Körper wirklich sagen wollte!

Aber ich bin gegangen, habe nicht viel zu ihm gesagt. Was wollte er wohl hören? Als ich das Wort Mediation erwähnte, ging er nicht darauf ein. Das Gespräch war schnell beendet. Ich schwebte in großer Dankbarkeit nach Hause. Wie schön ist das denn Konrad? Ihr seid alle Heiler ☺. Ich bin Heiler. Ich bin SCHÖPFER! Ich drücke Euch gaaaanz fest.
Wir sollten Mut schöpfen, denn wir reisen in Gesellschaft vieler Verbündeter!

Deine Claudia Emma

Lieber Konrad,

hier kommt eine kleine Geschichte, die meine Tochter und ich erlebt haben. Wir telefonierten am Morgen zusammen und sie sagte mir, dass sie nun ihren Hund nimmt, einen Rucksack und wandern geht. Ich fand, dass es wirklich eine schöne Idee sei und sagte ihr, dass auch ich noch in meinen Wald gehe. Wir wohnten ein paar Kilometer weit entfernt. Irgendwann zog ich mich an, fuhr zu meiner Lieblingsstelle, um dort in den Wald zu gehen. Ich dachte kurz an meine Tochter, dass sie nun auch irgendwo wanderte. Ich setzte mich an meinen Baum und schloss die Augen. Ich war tief in mir, spürte wie der Gedanke in mir hoch kam, wo ich mir nun die Wärme und Nähe herhole, wenn es die Wochenendseminare nicht mehr gibt. Da hörte ich einen Satz:

> „Du bekommst Nähe und Wärme von anderer Seite!"

Tief in mir wusste ich, dass Gott zu mir gesprochen hat. Er zeigt sich immer öfter und ich spüre seine väterliche Energie um mich herum. Ich wusste als Kind schon, dass Gott und auch die Engel nicht die Kirche sind. Alle Darstellungen der Kirche über Jesus Christus und den Engeln machten mir Angst. Aber ich fühle keine Angst, sondern Liebe und Sicherheit. Instinktiv habe ich mich dagegen gewehrt, irgendwelche vorgeschriebenen Gebete und Glaubensbekenntnisse zu lesen oder zu beten. Die Konfirmation war ganz schrecklich für mich. Aber ich wusste nie warum. Ich möchte gern aus der Kirche austreten, lieber Konrad, doch ich habe tiefsitzende Glaubenssätze, dass Gott mich dann verlässt und bestraft. Außerdem hat man mir erzählt, dass ich nicht beerdigt werde, sondern nur verscharrt. Ohne jegliche Worte eines Menschen. Als Strafe sozusagen.

Aber nun zurück zu meiner Geschichte am Baum. Als ich meine Augen öffnete, saß vor meinen Füssen ein Feldhase. Ich traute mich nicht Luft zu holen, denn ich hatte Angst, dass er flüchtet. Ich sprach innerlich mit ihm. Er schaute mich zwar ängstlich an, aber auch neugierig. Wahrscheinlich war er so irritiert, da ich auf dem Boden saß und dadurch genauso groß war wie er. Lustig war die Situation, und der Hase war so süß. Er schnüffelte noch überall herum, kümmerte sich nicht um mich und irgendwann hoppelte er davon. Ich liebe diese Tierbegegnungen. Sie machen mich tief in mir glücklich.

Nach einer Weile wollte ich weitergehen, und es zog mich doch noch ein Stück hinein in den Wald, zu meinem Baumkreis, wo ich für einen Moment innehielt. Als ich mich umsah, nahm ich tiefer im Wald meine Tochter mit ihrem Hund wahr. Für mich unfassbar, sie gerade hier zu treffen. Sie war genauso irritiert und schüttelte den Kopf. Ihr Bauchgefühl sagte ihr, dass sie einen Weg gehen solle, den sie jedoch nicht gehen wollte. Daher zögerte sie erst, wählte dann doch diesen Weg des Bauchgefühls und traf mich mitten im Baumkreis. Da ist sie wieder; die Verbundenheit. Wir sind mit allem verbunden. Dies empfinde ich auch mit meinen Tierelebnissen. Ich spüre tiefe Stabilität des Glaubens in mir, die wachsen darf.

Ja, so war das, und Mutter und Tochter gingen jeder wieder seiner Wege. Der Hund natürlich auch. ☺
Danke für Deine Begleitung, Unterstützung und Liebe Konrad

Von Seele zu Seele.
Deine Claudia

Lieber, sehr geehrter Herr Konrad,
hier spricht Emma ☺ ☺

Ja, Du hast richtig gelesen. Ich habe nun die Claudia hinter mir gelassen, und damit auch einige alte Themen. Claudia gehört zu mir, ist ein Teil von mir, verstehe dies bitte nicht falsch, lieber Konrad, doch ich möchte neu beginnen mit Emma. Am Samstag habe ich im Café mit meinen Freunden und Jugendlichen gefrühstückt, dabei habe ich ihnen erzählt, dass ich meinen zweiten Namen Emma annehmen werde. Alle haben es aufgenommen wie selbstverständlich. Ich habe mir fast zwei Jahre Gedanken darüber gemacht, ob ich es tun sollte. Da ich keinen Bindestrich zwischen meinen Vornamen habe, ist es überhaupt kein Problem. Ich bin wirklich ein großer Kopfmensch. Und stell Dir vor, wer gegen Abend am Himmel war, als ich allen mitgeteilt habe, dass ich nun Emma heißen möchte? Rate mal. Ach, Du weißt es? Du hast gezaubert…
Rot, Orange, Gelb, Grün, Blau, Violett, ein Regenbogen und noch… ja, der Vollmond war auch am Himmel. Ich bin wirklich gesegnet. Für mich bedeutet dies eine absolute Zustimmung aus dem Universum. Gut gemacht, Emma. Weiter so. Ich bin so dankbar und fühle mich mutig gestärkt in diese Veränderung zu gehen.

Meine Klosterbesuche über verschiedene Wochenenden habe ich nun über die Firma gestartet. Entspannung, Schweigen beim Essen, Gebete der Nonnen. Diese Auszeitwochenenden tun auch mir gut. Ich hörte in zahlreichen Gesprächen, dass so viele eine Sehnsucht nach Ruhe, Stille und Auszeit in sich tragen. So viele Menschen sind fremdgesteuert und verstrickt in Dinge, Systeme oder Situationen mit anderen Menschen. Ich habe schöne Rückmeldungen von Männern bekommen wie z.B.:

„Jeder wird sich noch lange an das Wochenende erinnern, wie jeder sich selbst ein Stück näher gekommen ist und sich selbst neu kennengelernt hat."

„Ich bin auch MIR dankbar, dass ich das Angebot wahrgenommen und mich eingelassen habe."

„Die seelische Ausgewogenheit hält immer noch an und ich hoffe es bleibt über eine längere Zeit. Und wenn es doch mal nachlassen sollte, hat Emma bestimmt gute Ideen zum Wiederauffüllen."

„Kennst Du Startreck? Da ist auch jemand für das Seelenheil der Crew zuständig, wie Du". ☺

Die Klosterbesuche waren bereichernd, auch durch die Nonnen, doch die Firma macht es mir schwer… Irgendwie ist es nicht gewollt, einen Zusammenhalt zu fördern. Saboteure habe ich genug in meinem Leben. Stolpersteine werden verteilt. Sie nehmen mir die Freiheit der Gestaltung. Ich soll in eine Weiterbildungsbroschüre, neben Excel, Word und Englischkursen, mit meinem Thema Kloster, und für das ganze Jahr die Termine angeben. Die Anmeldungen werden dann nicht mehr über mich laufen. Ich fühlte mich direkt fremdgesteuert. Termine für ein ganzes Jahr, unmöglich für mich. Ich war in einem guten Kontakt mit dem Kloster, die mir auch flexible Wochenenden anboten, falls etwas ausgefallen ist. Ich werde mich nicht ein ganzes Jahr festlegen. Wo bleibe ich da? Meine Gesundheit ist mir sehr wichtig. Ich höre Dich Konrad:

Lass Dich nicht gehen, geh selbst!

Nach einiger Überlegung bin ich nun zurückgetreten von dem Projekt.

In meiner abendlichen Meditation habe ich den Engel der Klarheit zu mir gebeten. Irgendwie war plötzlich klar, dass ich ein starkes Sicherheitsdenken und Angst zu kündigen habe. In so manchen Abteilungen bin ich gewesen und habe es als schwer empfunden. Was suche ich nur? Ich fühle mich abhängig von der Firma, aber das ist nicht die Wahrheit. Dies ist nur in mir drin. Es ist meine Begrenzung im Kopf. Es sind meine Ängste. Tiefsitzende Existenzängste.

„Klammere Dich nicht an Deiner Angst fest, sondern geh durch sie hindurch."

Wieder tauchte dieser Satz auf in mir, lieber Konrad. Doch wie gehe ich durch meine Sicherheits- und Existenzängste? Doch nur, wenn ich mich der Situation aussetze und kündige. Mir wird schlecht, wenn ich nur daran denke. Wie soll es denn gehen? Wo kommt das Geld her für mein Leben? Bitte hilf, Konrad. Ich danke Dir.
Im Moment kommt meine Sehnsucht hoch, nach einem Partner an meiner Seite. Ich schaffe es einfach nicht loszulassen. Ich kann mich gut an unser Gespräch erinnern. Das war ca. ein Jahr vor Deinem Tod, Konrad. Du hast mir einen Rat gegeben, wie ein Vater, der möchte, dass seine Tochter in guten Händen ist ☺. Ich sollte mich mal im Internet anmelden, denn dort wären Seiten, wo man sich kennen lernen kann. Also, lieber Konrad, habe ich zu dir gesagt: Viele Worte, viele Taten, viele Texte habe ich mir zu Herzen genommen und viel habe ich verändert. A B E R einen Mann im Internet zu finden, das kann ich einfach nicht. Ich weiß, dass ich ihm begegnen werde,

wenn der Zeitpunkt da ist. Ich weiß, dass ich zuerst bedingungslos in die Selbstliebe kommen darf. Ich weiß, dass ich glücklich und zufrieden mit MIR sein darf, dass ich glücklich ALLEIN sein kann. All das weiß ich. Ich weiß auch, dass der Partner dann zu mir kommt und ich sagen werde: Da habe ich so viel Glück und Frieden in mir, mit mir, und dann kommst du noch dazu. Wie schön ist das. Mir fehlt manchmal die Geduld. Ich will das dann haben, wie ein Kind. Dies fühlt sich schrecklich an und ich versuche aus diesem Zustand wieder herauszukommen. Sehnsucht ist nicht das gleiche wie HABEN wollen, oder lieber Konrad? Ich habe Sehnsucht nach Heimat, Geborgenheit, Liebe, Zärtlichkeit. Ich wohne natürlich in einer sehr schönen Gegend, dort sind viele Menschen im Außen und auch im Wohnhaus. Doch ich fühle mich nicht heimisch. Wenn ich jedoch in die Natur gehe, in den Wald und dort verweile, dann habe ich dieses heimeliche Gefühl in mir. Ich könnte mir eine Waldhütte bauen, lieber Konrad, Du beschützt mich ja vor den wilden Tieren ☺. Und wieder hast Du mir einen Text geschenkt. Er ist mir heute aus einem Buch entgegengeflattert:

> „Die Sehnsucht ist der Anfang von allem! Mit der Sehnsucht beginnt der Mensch seinen Weg der Selbstwer-

dung. Ohne Sehnsucht erstarrt der Mensch und verliert seine Lebendigkeit. Dem Menschen ist die Sehnsucht ins Herz geschenkt. Sie treibt ihn hinaus in die Natur.

Ein Weg, bis an unsere Sehnsucht Rand zu gehen, ist die Musik. Wenn wir unsere Sehnsucht nicht hörbar oder sichtbar werden lassen, dann flüchtet sie sich in die Sucht."

Konrad

Meine Entscheidung ist gefallen und ich beginne in diesem Monat die einjährige Heilerausbildung. Obwohl ich den Ausdruck Heiler nicht gern mag, zieht es mich magisch dort hin. Ich habe die Matrixausbildungen absolviert und es war so intensiv. Ich werde Dir alles berichten und sage Dir nun einen tiefen Dank.

Herzlich Deine Emma

Mein liebster Konrad... Du,

ich höre Dich schon laut lachen, aber ich habe genau am Totensonntag von Dir geträumt. Du warst in weiß gekleidet und sahst soooo schön aus. Du hast mich geküsst ☺. Ich habe meine Schriftstücke bei Dir auf dem Arm gesehen. Wir wollten zu einer Veranstaltung. Ich hatte das Ziel, zur anderen Seite zu kommen. Es ging nur über Hindernisse, doch ich habe es geschafft. Jemand hat mich hochgezogen an der Hand. Es war eine Frau.
So war mein Traum.
Wo falle ich hin, Konrad, wenn ich loslasse?
Heute an Silvester mache ich mein Räucherritual. Alles was mir an Themen einfällt, verbrenne ich und lasse es so frei. Da sind Themen wie: Verurteilen, Beurteilen, Kontrolle ausüben, Angst vor Krankheit, Schwere, alte Verletzungen, Streitlust, Mangeldenken und einiges mehr. Danach räuchere ich meine Wohnung, damit neues eintreten kann.

Emma geht nun in das Jahr 2014. Es darf nun leicht sein. Das wünsche ich mir von Herzen. Ich danke Dir, Gott und den Engeln für die Liebe, Kraft, Begleitung, Unterstützung und Schutz.

In Liebe Eure Emma

„Du willst, das der Schmerz, das Leiden aufhört, die Illusion ein Ende hat. Du hast genug von der Welt, so wie sie gegenwärtig ist. Du suchst nach einer neueren Welt.
Suche sie nicht länger. Beschwöre sie jetzt herbei!"

Unbekannt

Liebster Freund,

so viel hat sich gelöst bei mir. Das Verbrennen von den Themen ist ein wirklich gutes Ritual für mich. Ich fühle mich freier und bin das erste Mal freudig in das Neue Jahr gegangen. Ein Glückseligkeitsgefühl war sanft in mir, welches mir ganz fremd war. Ich empfand es immer als schwierig, das Neue Jahr zu beginnen. Diesmal war es schön und leicht, so wie eine Vorfreude. Anfang Januar habe ich mit Anna-Maria telefoniert. Mich begleitet in diesem Jahr der Engel der Fülle. Wie schön. Lieber Konrad, da kann ja nur alles gut sein. Es geht um Umsetzung, Fundament, Erfolge, Lachen, Tiefe und Freiheit. Vor allem innere Freiheit. Das Glück hat einen langen Weg, bevor es in aller Tiefe angenommen werden kann. Das spüre ich immer wieder. Wir Menschen wünschen viel, können es jedoch oft nicht in bedingungsloser Tiefe zulassen.

Im Februar 2014

Stelle Dir vor, lieber Konrad, ich war wieder in meinem Bauernlädchen, um einzukaufen. Da kann ich immer in meiner Mittagspause oder nach Feierabend hinfahren. Es ist so typisch schön ländlich und familär. Dort gibt es Salate, Gemüse, Obst, Wein, Gewürze, Kartoffeln und vieles mehr. Dort gibt es noch Gespräche über den Ladentisch und man kann sein Kleingeld ausschütten, ohne belächelt zu werden. Ich liebe diese Atmosphäre einfach. Als ich gestern dort war und bei den Gewürzen schaute, hörte ich mich fragen: „Wem gehört denn das schöne alte Bauernhaus am Waldrand?" Habe ich das jetzt tatsächlich gefragt? Ja, das habe ich und ich bekam eine Antwort von der älteren sympathischen Frau, die zur Familie gehört. „Es gehört uns. Haben Sie Interesse an einer kleinen Singlewohnung? Der junge Mann ist gerade ausgezogen." Ich schaute sie an, nein Konrad, ich starrte sie an. Mein Ego bombardierte mich mit Gedanken: „Du bist erst vor zwei Jahren umgezogen. Wie soll das gehen? Du hast dir eine neue Küche gekauft. Denk an die Kosten. Denk an deinen Rücken. Das schaffst Du nicht...bla...bla." Doch sie sprach weiter mit mir, dass ich mir die Wohnung gern anschauen und auch jederzeit hingehen könnte, um mich zu entscheiden. Ich sagte ihr die Besichtigung zu, und zwei Wochen später fuhr mein Vermieter-Ehepaar, die ich auch vom Laden her gut kannte, mit mir zur

Wohnung. Wir fuhren ein gutes Stück auf einem asphaltierten Weg durch die Felder, bis das Haus vor dem Wald auftauchte. Es waren nur zwei Bauernhäuser dort am Wald. Ein Traum in der Natur. Es war so still. Ich konnte es kaum fassen. Sie spürten, dass ich mich ein wenig schwer tat mit einer Entscheidung und boten mir an, jederzeit den Schlüssel zu holen, um in die Wohnung zu gehen. Ich könnte auch gern in der Wohnung schlafen, um zu schauen, ob ich vielleicht Angst hätte, so abgelegen zu wohnen. Sie gaben mir alle Zeit der Welt. Unfassbar. Ich wusste nicht, dass ich mich schon längst tief in mir entschieden hatte, denn ich habe mir im Geheimen gewünscht, so zu wohnen. Nun konnte es wahr werden. Die Wohnung ist ganz entzückend. Die Fensterbänke sind breit und niedrig. Ich sah schon überall Decken und Kissen darauf liegen. Denn ich konnte vom Fenster aus, links, direkt zum Wald schauen und gerade aus, in ein wunderschönes Tal mit Wiesen und Wald. Mein Herz sagte:

Fang neu an.
Genau hier. Hier ist die richtige Energie für Dich.

Ich bin noch zwei Mal allein in die Wohnung gefahren. Als ich durch die Felder fuhr, erinnerte ich mich, dass ich das Bild von den Feldern kannte. Ich habe genau dieses Bild in einer Meditation gesehen. Ich weiß noch, wie mir jemand ein Tor öffnete und ich hindurch ging. Es sah genauso aus. Ich betete zu Gott, genau in dem Moment, als ich durch die Felder fuhr und dieses Bild sah. Bitte führe mich sicher und klar. Als ich in die Küche und in das Wohnzimmer kam, schob die Sonne ihre Wolken beiseite und schien in die Wohnung. Wie schön es aussah und ich nahm es in diesem Moment als Zeichen wahr. Die Entscheidung war gefallen. Ein klares Ja für die Wohnung. Da war es ganz klein in mir. Ein Gefühl von Heimat. Es zeigte sich nur kurz und ich war tief berührt. Wie ein Kind saß ich am Fenster und schaute in den Wald. Wie schön es hier doch ist und ich darf nun so wohnen. Ein Gefühl von tiefer Dankbarkeit machte sich in mir breit. Du bist so glücklich für mich, nicht wahr Konrad? Ich spüre es. Du freust Dich sehr für mich. Du freust Dich, weil ich mich führen lassen. Und das ist alles ganz schön mutig von mir.

D A N K E !!

Danke liebes Universum. Danke Gott und danke an Euch Ihr lieben Engel.

*In Liebe Eure Emma *hüpf**

Geliebter Freund, lieber Konrad,

in mir ist ein stilles Gefühl. Dieses Gefühl erzählt mir leise Geschichten, wenn ich in das alte Bauernhaus ziehe. Die Geschichten klingen nach Freiheit, nach Veränderungen, nach Frieden, nach Liebe, nach Fülle und Glück.

Ich räume auf, schmeiße weg, kündige sinnlose Versicherungen auf, verabschiede mich von Spendengeldern, lasse los. Mein Projekt Kloster in der Firma darf ich nun auch verabschieden. Es ist vorbei. Ich sortiere meine Unterlagen. Ich trenne mich von der Anerkennung im Außen. Vor allem in dieser Firma. Eine wichtige Loslösung von Widerstand und Kampf. Ich weiß nicht, wie ich erneut einen Umzug schaffen kann, aber ich habe um Hilfe gebeten und um Leichtigkeit. Es darf leicht gehen. Die lila Küche lasse ich in der alten Wohnung und hoffe, dass sie jemand übernimmt. Dies ist meine größte Bitte. Ich benötige Helfer, da ich viel wegschmeißen möchte. Dies ist meine zweite Bitte. Beim Umzug benötige ich Hilfe, meine dritte Bitte. Ich nehme nur mein Bett, zwei Bücherregale und eine Anrichte mit.

Meine Gebete wurden ALLE erhört.

Ein Arbeitskollege fragte mich, ob ich Hilfe benötige, er hätte einen Anhänger. Wie gerne. Für den Umzug habe ich genug Helfer. Er wird im Mai sein.

Nun, Konrad kommt wieder ein toller Traum. Ich habe von einem jungen Mann geträumt. Er sagte zu mir, dass er gerne meine lila Küche kaufen möchte. Ich bin so im Vertrauen, weil sich alles so richtig anfühlt. Mein Vermieter, Herr Lohne, kam mit einigen Leuten und führte sie durch die Wohnung. Danach fragte er mich immer: „Und? Was meinen Sie?" Er war traurig, dass ich auszog, denn wir haben uns gut verstanden. Dann kam Herr Lohne mit einem jungen Mann. Ich war ganz kurzatmig, denn er war interessiert an der Wohnung. Ich fragte ihn nach der Küche und er sagte tatsächlich: Ich finde die Küche sehr schön, denn ich liebe lila.
Ich machte innerlich Luftsprünge, nickte Herrn Lohne zu. Er ist es ☺ Daumen hoch. Gut das Männer auch mal auf die Frauen hören ☺ Freu……

Lieber Konrad, so richtet sich alles wunderbar. Danke, all Ihr lieben Helfer. Wie oft ich danke gesagt habe, konnte ich nicht mehr zählen. Ich habe mir nun eine wunderschöne neue weiß blaue Küche ausgesucht und alles passt einfach nur.

Die Heilerausbildung hilft mir ungemein. Nicht nur, dass ich viel an Wissen bekomme, sondern wir helfen uns gegenseitig mit medialen Heilen, Quantenheilung und Matrix. Viele Themen lösen sich auf. Ich bin gelassener geworden. Ich glaube meine Seele hat mich hierhergeführt, um Heilung zu erfahren.

Mal schauen was ich daraus machen werde. Ich liebe es jedenfalls meine Hände aufzulegen, da spüre ich so viel.

Eine glückliche Emma drückt Dich jetzt ganz fest…

Von Seele zu Seele

Deine Emma

PS. Der nächste Brief kommt aus dem Wald*zwinka*

Meine neue Erkenntnis:
Dankbarkeit ist ein Ausdruck von Liebe!

Im Mai 2014

Lieber Konrad,

hier nun mein versprochener Brief von meinem neuen Wald-Zu-Hause. Im Moment habe ich Urlaub, um mich neu einzurichten. Ich sitze hier vor meinem Eingang und es ist warm. Überall summt es, die Vögel singen laut, die Bäume rauschen im Wind und meine Eingangstür schmückt ein herrlicher Wald- und Wiesenstrauch, den ich von meinen Vermietern bekommen habe. Ich kann direkt im Wald spazieren gehen oder in den Feldern. Alles ist so nah und bunt.

Ich bin angekommen in meiner Wohnung, hier an diesem friedlichen Ort. Nun spüre ich, dass ich in das Vertrauen gehen darf, dass sich alles andere auch wandeln wird. Es geht gar nicht anders. Ich habe ständig gesucht und dabei hat die Wohnung MICH gefunden. Ich habe nur eine Frage zur richtigen Zeit gestellt. Ich wünsche mir sehr, weiterhin so vertrauensvoll durch mein Leben zu gehen, dass mir alles zum geeigneten Zeitpunkt gegeben wird. Doch ich stecke noch zu sehr in meiner Ungeduld, will dann doch wieder lenken und kontrollieren.

Wie ich Dir schon geschrieben habe, leide ich an Überforderung an meinem Arbeitsplatz. Ich kann schon viel schaffen, doch es ist eine große Zahl an Aufgaben und es läuft zu viel daneben. Ich habe mich an meine Kindheit erinnert. Sehr häufig war ich mit all den Kindern und Aufgaben überfordert. Darüber habe ich mit Sabine, die unsere Heilerausbildung leitet, gesprochen. Sie hat mich behandelt und einige Themen gelöst. Ich fühle mich freier. Sie fragte mich, ob ich sicher bin, dort in der Firma noch zu bleiben? Wir sprachen über meine Existenzängste und Sicherheitsdenken. Viele Glaubenssätze sind tief in mir vergraben. Sie sah mich schon in der Freiheit, doch ich war in mir sehr begrenzt. Es ist eben ein Prozess.

Lieber Konrad, manchmal denke ich, dass mir das alles gar nicht passieren kann, doch diese Geschichte ist die Wahrheit:

Vorgestern saß ich in meinem Büro und es war hektisch. Mein Arm und meine Schulter schmerzten sehr, von der einseitigen Haltung am Schreibtisch. Nachdem wieder in meiner Planung etwas schief gelaufen ist, schrie es in mir: „Was mache ich hier eigentlich?" Da geschah es; das Licht ging aus, in meinem Büro; der Computer fuhr herunter; das Telefon ging aus. Stille. Ich hielt die Maus fest, wartete auf den Aufschrei der Kollegen. Stille. Kein Tumult, weil die Daten eventuell gelöscht sind, kein Strom mehr da war oder das Telefon ausgefallen ist. Niemand rief oder fragte, alle arbeiteten weiter. War der Stromausfall nur bei mir im Büro? Geht denn das? Sind wir nicht alle an einem Stromnetz? Es waren nur Sekunden, dann ging alles nacheinander wieder an. Was war das Konrad? Ein Zeichen?

Das Licht geht bald aus?

„Du wirst bestrebt sein, das zu erfahren, was Du bist, wenn Du mit Deiner Erfahrung dessen, was Du nicht bist, durch bist."
Unbekannt

Ich bin sehr froh, dass ich eine Kollegin habe, mit der ich mich austauschen kann. Sie glaubt auch an Engel und wir kamen irgendwann mal ins Gespräch. Sie ist zwar in einem anderen Werk, aber wir telefonieren in der Pause oft. Wir ermutigen uns durchzuhalten, denn auch sie würde gerne kündigen. Wir fühlen uns, wie in einem Gefängnis. Den ganzen Tag am Schreibtisch. Es nutzt jedoch nichts, wir sollten beide unsere Arbeit tun, denn wir steigern uns nur gegenseitig in das Thema hinein und es geht in Richtung des Jammerns. Diese Richtung fühlt sich nicht gut für mich an. Ich möchte in das Akzeptieren kommen. Einige Zeit später wurde meine Kollegin sehr krank und fiel Monate aus. Sollte es so sein? Somit

war ich wieder allein auf meinem Posten. Mein Lieblingskollege aus meiner Abteilung, der mich in meinem Thema Überforderung jederzeit unterstützt, mir gute Erfahrungen seinerseits weiter gegeben hat, erkrankte leider auch. Wir wussten nicht, ob er überleben wird.
Ich war unendlich traurig und fühlte mich total allein.
Da kam die Resignation auf.
Ich ließ liegen und informierte meinen Chef sachlich, dass bestimmte Themen aus Zeitgründen nicht bearbeitet werden können.
Ich fühlte mich stark und bestimmt.
Ich konnte endlich Themen liegen lassen und es auch aushalten, Dinge nicht zu erledigen.

Meine Gesundheit ist mir so wichtig. Diese Stärke war ein Durchbruch für mich. Endlich mussten mir meine beiden Kollegen helfen und die Arbeit wurde gerechter verteilt. Es ging mir besser. Ich konnte wieder atmen, Themen aufarbeiten und sortieren. Es wurde ruhiger und ich konnte mich auch um wesentliche Dinge kümmern. Um die Menschen, die nach schwerer Krankheit in die Wiedereingliederung kamen. Herzinfarkt, Krebs, Schlaganfall, Bandscheibenvorfälle und Unfälle. Alles war dabei. Die Kollegen wollten einfach mal reden. Nun hatte ich wenigstens für kurze Gespräche Zeit. Außerdem hat uns die schwere Krankheit unseres Kollegen gerüttelt.

Zu Hause kann ich direkt auftanken, gehe in den Wald, setze mich an mein Fenster oder auf meine Terrasse. Ich pflanze Blumen, Tomaten und Paprika an. Zufriedenheit macht sich breit in mir.
Ein Kraftort.

Ich bin so dankbar lieber Konrad, und das ist ein sehr schönes Gefühl. Denn Dankbarkeit ist so wichtig. Ich finde dadurch in meine Ruhe. Ich bin genau am richtigen Ort, genau zur richtigen Zeit. Ob auf der Arbeitsstelle oder hier in meinem neuen Zuhause. Das ist wirkliche Hingabe.

In liebenden Gedanken zu Dir

Deine Emma

Urlaub zu Hause

Mein geliebter Freund... Du...,

hier kommen schöne Urlaubsgrüße aus meinem neuen Zuhause. Ich sitze draußen, schreibe Dir. Die Sonne scheint. Meine Tochter liegt im Liegestuhl und ihr Hund liegt in der Sonne. Eine Idylle. Wie oft hat mir meine Tochter gefehlt. Wir haben das Loslassen wirklich gelernt. Viele Muster haben wir gelöst und immer wieder geredet, um nicht das gleiche zu leben, wie unsere Familie. Ich durfte lernen, dass sie ihren eigenen Weg geht, in ihrem eigenen Tempo, mit ihren eigenen Erfahrungen. Kinder müssen einfach irgendwann das Nest verlassen, sonst werden sie nie in ihr eigenes Selbst finden. Sie hat eine kurze Zeit, nach der Ausbildung, in meiner Nähe gewohnt und ist dann zum Studieren wieder in eine größere Stadt gezogen. Nun ist sie zu Besuch und wir werkeln herum, schleifen Möbel ab und streichen sie neu an. Wir errechnen, was man tatsächlich im Leben benötigt, das heißt: wie viel Geld in einem Monat. Dabei fiel mir auf, wie sinnlos ich teilweise Geld ausgebe. Der nächste Schritt: Kirchenaustritt.

Ich bat meine Tochter mich zu begleiten und sie machte es gern. Ich hätte Dich gern in echt dabei gehabt Konrad, denn ich fand mich urkomisch. Meine Tochter und ich betraten das Amtsgericht und ich stand vor einer dicken Glaswand, dahinter waren eine Frau und ein Mann in Polizeiuniform. Ich schluckte, ging durch die dicke Glastür und es gab Alarm. Ich muss meine Tochter so hilflos angeschaut haben, dass sie lachen musste. „Zieh deine Jacke aus", sagte sie zu mir und ich tat es brav. Es gab wieder Alarm. Ich zuckte mit den Schultern, sah die beiden Polizisten an und fragte, was ich denn noch ausziehen sollte. Auch sie konnten sich nun ein Lächeln nicht verkneifen. Ich sagte zu ihnen, dass ich doch nur aus der Kirche austreten möchte und da mussten wir alle lachen. Ich durfte in das Gebäude. Hatte meine Mutter doch Recht? So einfach wird es einem nicht gemacht aus der Kirche auszutreten. Ich höre Dich so lachen, Konrad. So kann man auch alte Glaubensmuster auflösen ☺.

Der Beamte war gut drauf und freute sich, dass wieder jemand kam, um aus der Kirche auszutreten. Ein komischer Kauz, aber er war lustig und machte es mir leicht. Als ich da raus war, fühlte ich mich leichter. Mein Gefühl war nicht, dass Gott mich nun bestraft und ich ihn verloren habe. Nein, Konrad, ich war ihm nun noch näher.

Abends prosteten meine Tochter und ich uns zu. Wir schauten einen passenden Film über Jesus Christus. Der Film hieß: Jesus liebt mich. Irgendwie hat er uns berührt und wir haben auch herzhaft gelacht. Jesus, oder im Film Jeshua, kam auf die Erde, um irdische

Erfahrungen zu machen. Er lernte Marie kennen und die beiden saßen in einem Restaurant. Plötzlich schaute ein Obdachloser in das Fenster herein. Er drückte seine Nase ganz platt. Der Kellner wollte ihn verjagen, doch Jeshua holte ihn herein, setzte ihn auf einen Stuhl und wusch ihm die Füße. Alle hörten auf zu essen und starrten auf die Situation. Es war irgendwie lustig gemacht, denn der Obdachlose wusste nicht, was mit ihm geschah. Da ging Jeshua zu den Leuten und schaute auf die vollen Teller. Er sagte: „Ihr habt genug zu Essen. Warum teilt ihr nicht? Warum teilt ihr eurer Essen nicht?" Dann gab er dem Obdachlosen seinen Teller und ging mit Marie aus dem Restaurant. Man sah durch das Fenster, dass nun alle Gäste ihre Teller nahmen und sie dem Obdachlosen gaben. Der war sichtlich glücklich. Marie wollte auch was Gutes tun, weil sie die Überzeugung in sich trug, dass sie schlecht sei. Sie wollte dies gut machen, indem sie all ihr Geld an verschiedene Organisationen spendete. Sie sagte zu Jeshua: „Sieh, Jeshua, ich tu Gutes!" Marie zeigte ihm all ihre Spendennachweise. Doch Jeshua sagte sanft zu ihr: „Darum geht es nicht, Marie, es geht um deine Seele".

Ich schmolz dahin, dachte direkt an all die Spendengelder, die im Monat von meinem Konto abgingen und die ich aufgekündigt hatte.

Im August 2014

So verbrachten meine Tochter und ich eine schöne gemeinsame Zeit. Wir pflückten Brombeeren und kochten Marmelade daraus. Wir holten im Bauernlädchen frisch gemahlenes Mehl und backten Brot. Es fiel mir sehr schwer, als sie wieder fuhr. Nun unterbreche ich mal meinen Brief, und gebe meiner Traurigkeit Raum, dass meine Tochter nicht mehr bei mir ist.

Der September ist nun da und ich gehe wieder zur Arbeit. Mir fielen die Worte meiner Tochter ein. ‚Komm doch einfach mal zu spät. Du bist immer so pünktlich'. Das habe ich gemacht. Wo ich sonst nach einem Parkplatz jage, war der allerbeste frei. Als ich in das Tor ging, sprach mich ein Arbeitskollege an und wir hielten ein Pläuschen. Im Büro angekommen, hatte ich eine Kollegin am Telefon, die zu mir sagte, es sei nicht eilig. Immer schön langsam. Ich war erstaunt, wie sich meine innere Gelassenheit im Außen spiegelte. Ein schönes Experiment.

Irgendwie gehe ich nicht mehr so beladen zur Arbeit. Ich schreibe mir am Abend zehn Dinge in ein kleines Buch, die am Tag schön waren. Das hilft mir sehr. Manchmal ist es schwierig, dann schreibe ich nur zwei oder drei Dinge auf. Vor allem an den Ta-

Mein Name

gen, an denen ich Zahlen und Statistiken erledigen muss. Ist ja auch wichtig☺

**2 x 3 macht 4 -
widdewiddewitt und 3 macht 9e !
Ich mach' mir die Welt - widdewidde wie sie
mir gefällt ...**

So, mein lieber Konrad, ich beende nun meinen Brief hier und sage Dir bis bald. Du darfst Dich gerne wieder in meine Träume einfinden. Vielleicht für einen Tanz?

Danke für Deine Begleitung und Schutz.

In Liebe
         Deine Emma
Emma   *Emma*
              Emma
                                    Emma

Emma, welch schöner Name...

Im Oktober 2014

Liebster Freund,

nun benötige ich wieder Deine Hilfe. Ich trage Wut in mir und bin verärgert, wegen der Firma. Ich habe schon viel zu lange gewartet, um meinen Vornamen auf meiner Arbeitsstelle ändern zu lassen. Mir fehlte erst der Mut, warum auch immer. Auf keinen Fall wollte ich in die Rechtfertigung gehen, warum ich meinen Vornamen gewechselt habe.

Nun war es soweit. Da sind einige Programme, Telefonverzeichnisse, Firmenausweis und Telefon, was geändert werden musste. Es gab Kollegen, die sofort meinen Namen geändert haben. Im Telefonverzeichnis und in meinem Ausweis zum Beispiel. Ein schöner Name hat man mir sogar gesagt. Es gibt jedoch Kollegen, die mir sagten, dass sie keine Zeit hätten, in den Programmen meinen Namen zu ändern. Ich versuchte ihnen zu erklären, dass ich nun in meinem Firmenausweis anders heiße, als in meiner E-Mail Adresse. Außerdem steht in meiner Signatur ‚Emma'. Es gibt Claudia nicht mehr. Diese Kollegen blieben hartnäckig, gingen sogar zu ihrem Vorgesetzten. Ich glaubte es nicht, dass sie dies tun und schickte ihnen mein Schreiben vom Amt. Dort war deutlich zu erkennen, dass mein Vorname, auch Rufname, unterstrichen war und Emma hieß. Auch die Standesbeamtin hat mir dies in einer E-Mail bestätigt. ‚Da es keinen Bindestrich zwischen Claudia Emma gibt, kann ich mich jederzeit Emma nennen und dies sollte jeder respektieren'.

Diese Schreiben wurden ignoriert. Ich habe ein paar Nächte darüber geschlafen, lieber Konrad. Aber es kam noch angreifender. Ich rief den Vorgesetzten der Elektronischen Datenverarbeitung an und schilderte mein Problem. Er ließ sich nicht viel Zeit und wurde gleich ungehalten. Er schimpfte über all die Doppelnamen und wieviel Ärger er damit hätte und… und… und…

Ich spürte direkt, dass er mich nicht verstand und es um eine Namensänderung ging. Dann kam der Satz, der mich platzen ließ: „Ja, wenn sie geheiratet hätten, dann wäre es kein Problem!"

Ich sagte ihm noch wie diskriminierend ich ihn finde und legte den Telefonhörer auf. Ich schaltete meinen Chef ein und bat ihn um Hilfe. Ich fühlte jedoch, wie unangenehm es ihm war und er sagte einen Satz der mich bestätigte: „Ich kann ihnen nichts versprechen."

Er hat mich nie wieder darauf angesprochen. Ich ihn auch nicht. Ich hatte einfach keine Kraft mehr. Alles fühlte sich so schwer an. Nun hieß ich im Telefonverzeichnis und im Ausweis Emma. Mein Telefon zeigte Claudia Emma an. Meine Signatur war natürlich Emma und meine E-Mail Adresse nur Claudia. Kollegen sind verwirrt und außenstehende Firmen

finden mich nicht. Mir kommt Unverständnis entgegen, dass die Firma sich so verhält. Ich bekam aus der Personalabteilung noch einen schönen Satz gesagt, aber da musste ich herzhaft lachen. Denn ernst nehmen konnte ich hier niemanden mehr so richtig.
Der junge Mann sagte zu mir:
‚Sie haben doch den Namen Claudia vor 32 Jahren hier so angegeben'.
Mein Witz des Jahres.

      A B E R lieber Konrad ☺ nach so einem Tag, kann ja nur noch Schönes geschehen. Ich bin abends in den Wald gegangen, um die unschönen Gespräche zu verarbeiten. Ich ging los, Richtung Wald und dort kam mir ein Mann mit zwei Hunden entgegen. Der eine Hund an der Leine hatte einen Maulkorb und der Mann zog an ihm herum. Der andere Hund lief frei und hörte nicht auf sein Rufen. Ich drehte mich direkt um, suchte mir einen anderen Weg. Ein Jogger lief vor mir her und ich entschied auch diesen Weg zu nehmen. Es regnete. Plötzlich zog es mich in einen Waldweg und ich folgte meinem Gefühl. Ich ging weiter an einem Baum, sah dort etwas liegen und fand einen weißen Zettel auf dem Waldboden. Es war eine Postkarte und diese hing wohl einmal an einem Luftballon. Beim näheren Anschauen, sah ich Zeichnungen, die ein Braut-

paar darstellten, das ganz verliebt war und überall waren rote Herzen. Wie schön. Ich nahm die Karte mit, um Julia und Daniel zu schreiben. Du weißt ja Konrad, wie gern ich Briefe schreibe ☺.
Ich zog eine Engelkarte als ich zu Hause war. Und wie passend sie war.

> „Gib der Liebe eine Chance.
> Wenn wir beginnen zu lieben, verändert sich unser Leben für immer. Du wirst reich belohnt, wenn Du offen liebst. Deine Zuwendung hilft nicht nur dem, der sie erhält, sondern sie erzeugt auch mehr Liebe für Dich. Lasse Deine Ängste los und verschenke die Liebe, die Du gerne bekommen möchtest. Du wirst feststellen, dass es ein und dasselbe ist."

Der Spaziergang mit dem schönen gefundenen Geschenk hat mir Klarheit gegeben, dass ich aus dem Kampf mit dieser Firma endgültig heraustrete. Ich mache einfach nicht mehr mit. Sollen sie sich doch so verhalten, ich weiß, wie ich heiße und wie sagt mein Trommellehrer öfter zu uns? Wir dürfen uns eine gewisse Sturheit aneignen, wenn wir unseren Rhythmus halten wollen, während andere einen anderen Rhythmus spielen. Wie Recht er doch hat. Ich bleibe beharrlich bei Emma. Übrigens ist das Trommeln das Beste was ich angefangen habe. Ich liebe es, weil es mich in das Hier und Jetzt bringt, leer macht, mich erdet und mir Selbstbewusstsein gibt. Denn ich darf laut spielen und darf laut Fehler machen.

Ich umärmel Dich ganz fest und ich danke Dir für Deine Hilfe, Schutz und Begleitung.

In Liebe Deine E M M A!

Liebster Konrad,

ich schreibe Dir heute, weil ich mit Dir etwas teilen möchte. Erinnerst Du Dich an meinen Kollegen, der mir sehr half in meiner Überforderung und der schwer erkrankt ist im Mai? Er ist auf dem Weg der Besserung, kann jedoch seine Beine nicht mehr bewegen. Ich habe ihn öfter im Krankenhaus besucht und später in der Reha-Klinik. Weihnachten darf er zu Besuch nach Hause. Als ich ihn das erste Mal im Krankenhaus besuchte, war es eine große Erfahrung für mich. Mir fehlten die Worte. Was sagte man zu jemand, der nach einer schweren Krankheit gelähmt ist? Ich versuchte da zu sein. Ihm zuzuhören. Ich habe viel gebetet für ihn. In der Rehaklinik, lernte er mit der Situation umzugehen, und auch mit dem Rollstuhl. Dort sah ich erschreckende Bilder von Menschen, die wohl schwere Unfälle hatten oder Krankheiten. Ich betete immer wieder, war im ständigen Kontakt mit dem Universum.

Als meine Kollegin, er und ich in der Rehaklinik einen Kaffee tranken, saßen wir an einem Platz, wo einige Tische standen. Die Tische waren dunkel gehalten, wie die Wände auch. Selbst das Licht war zu dunkel und um 17:30 Uhr wurde das Licht auch noch dunkler gedimmt. Ich fand es ganz schrecklich und traurig. Ich betete und bat meine Engel mehr Helligkeit hier in diese Klinik zu bringen. Den Menschen beizustehen und sie zu unterstützen. Ich wollte einen Brief an die Klinikleitung schreiben, doch das Gefühl entschied sich dagegen. Als meine Kollegin und ich meinen Kollegen wieder besuchten, kurz vor Weihnachten, wurde ich sehr positiv überrascht. Als wir oben auf den Flur kamen, um ihn aus dem Zimmer zu holen, saß dort ein Pfleger mit mehrere Menschen im Rollstuhl zusammen und sangen zur Gitarre. Eine schöne Energie war das. Als wir wieder runter in den dunklen Raum fuhren, nahm ich mit Freude wahr, dass er heller gestaltet war. Anstatt der dunklen Tische, standen dort nun Glastische und die Stühle waren auch freundlicher. Ich bedankte mich innerlich von ganzem Herzen bei meinem Universum. Wie schön.

Ich bekam Einsichten in die Geschichte meines Kollegen. Wie es ihm ging mit der Lähmung, welche Schwierigkeiten es körperlich mit sich bringt. Die Seele wollte er nicht ansprechen, das spürte ich genau. Ich spürte seine Traurigkeit. Ich sah es in seinen Augen, ich sah irgendwie tiefer. Ich weiß, dass diese Begleitung eine tiefgreifende Erfahrung für mich war. Sein ganzes Ziel war, einzig und allein, wieder zu dieser Arbeitsstelle zu kommen. Mir wurde bewusst, wie viele Kollegen in dieser Firma krank waren und viele ernsthaft. Ich dachte über verschiedene Stimmungen nach und Aussagen wie: ‚Ich mach nur meinen Job hier; man kann nicht alles haben; ich verdiene gut; woanders ist es auch nicht besser; ich beuge mich; heute ist schon Donnerstag; bald ist wieder Wochenende; bald habe ich Urlaub; noch 5 Jahre, dann bin ich auf Rente!' Ist es das Richtige für meine Seele? Sich von Tag zu Tag, von Urlaub zu Urlaub zu schleppen, um dann im Alter all meine Träume zu leben? Wenn ich es dann gesundheitlich noch schaffe?! Mir ging es nicht so gut, bei all diesen Überlegungen, die zu mir strömten. Ich denke gerade an Dich Konrad. Wir haben über alles Mögliche gesprochen, doch niemals über Rente. Bis zum letzten Atemzug hast Du Dein Ziel noch vor Augen gehabt, Dein Buch zu vollenden. Du hast Dein Wirken geliebt und Du hast oft gesagt, dass wir Dir viel Kraft gaben.

Meine Nachbarin hier im Haus, ist 71 Jahre alt und fährt durch die Städte, um Vorträge zu halten. Sie hat einfach Freude an ihrem Tun. Sie war es auch, der ich als erstes von meinem Wunsch zu kündigen erzählte. Sie war begeistert, fand allein den Gedanken mutig und ermunterte mich positiv. Es sei immer der richtige Zeitpunkt neu anzufangen, egal wie alt man auch ist. Dann gab sie mir ein Buch zur Hand und meinte, dass es zu mir passt.

Im Dezember 2014

Wie konnte es anders sein, ich habe dieses Buch verschlungen und es traf genau mein Thema. Was will ich und wer bin ich?

Lieber Konrad, dort las ich eine Geschichte, die wie ein Blitz in mich hinein schlug. In der Geschichte wurde das Leben der Menschen mit einem Platz auf einem Schaukelstuhl verglichen, der auf einer wunderschönen Veranda hin und her schaukelt. Wenn die Menschen jedoch über das Geländer der Veranda blicken, sehen sie weder den schönen Garten mit den bunten Blumen, noch die großartigen Bäume. Was sie sehen ist ein dichter Nebel. Dieser Nebel besteht aus all den Dingen, die sie nach Meinung anderer Leute tun, sehen und glauben sollten. Der Nebel enthält auch ihre Ängste, Selbstzweifel, Unsicherheiten und all die Konditionierungen, die sie im Laufe ihres Lebens verinnerlicht haben. Beim Schaukeln denken sie, wenn dieser Nebel sich nur für fünf Minuten auflösen würde und sie den Weg sehen könnten, der zu dem Leben führt, das sie sich wirklich wünschen...

... dann würden sie aus dem Schaukelstuhl aufstehen und die Stufen hinuntersteigen, um dieses Leben zu leben. Eines Tages lesen sie dann eine inspirierende Geschichte, oder hören von jemand der sich einen lang ersehnten Traum erfüllt hat. Wie durch Magie verschwindet der Nebel plötzlich und sie können deutlich den Pfad zu dem Leben erkennen, das sie eigentlich führen möchten. Dies ist wunderschön, strahlend und ruft nach ihnen. Fünf Minuten lang denken sie daran, aufzustehen und dem Weg zu folgen. Denken an all die Freude und Freiheit die sie erleben würden. Aber dann sind die fünf Minuten vorbei und der Nebel verdichtet sich wieder. Damit lehnen sie sich zurück in ihrem Schaukelstuhl und schaukeln. Vor und zurück. Beim Schaukeln denken sie mit der Zeit, wenn dieser Nebel sich nur für eine Stunde auflösen würde und sie den Weg sehen könnten, der zu dem Leben führt, das sie sich wirklich wünschen…

…dann würden sie aus dem Schaukelstuhl aufstehen und die Stufen hinuntersteigen um dieses Leben zu leben. Dann sehen sie einen Film über eine wahre Lebensgeschichte von jemand, der sein Leben komplett verändert hat. Sie deuten es als Zeichen und eine perfekte Botschaft für sie. Der Nebel verschwindet für die nächste Stunde und sie können deutlich den Pfad zu dem Leben erkennen, das sie eigentlich führen möchten. Dies ist wunderschön, strahlend und ruft nach ihnen. Diese ganze Stunde lang denken sie daran, aufzustehen und dem Weg zu folgen. Denken an all die Freude, Abenteuer und Freiheit die sie erle-

ben würden. Aber dann ist die Stunde vorbei und der Nebel verdichtet sich wieder. Damit lehnen sie sich zurück in ihrem Schaukelstuhl und schaukeln. Vor und zurück.
Mit der Zeit denken sie sich, aber wenn dieser Nebel sich nur für vierundzwanzig Stunden auflösen würde und sie den Weg sehen könnten, der zu dem Leben führt, das sie sich wirklich wünschen...

...dann, ja dann würden sie aus dem Schaukelstuhl aufstehen und die Stufen hinuntersteigen, um dieses Leben zu leben.
Schließlich erfahren sie eines Tages, dass ein Freund von ihnen gestorben ist. Ein bereichender Mensch. Jemand, der rücksichtsvoll und aufmerksam mit anderen umgegangen ist. Jemand, dessen Licht zu strahlend war, um so früh zu verlöschen. Für die nächsten vierundzwanzig Stunden verschwindet der Nebel, und sie sehen alles so klar wie nie zuvor.
Sie erkennen den Pfad zu dem Leben, das sie sich eigentlich wünschen, und es ruft intensiver nach ihnen, denn je zuvor. Es ist wunderschön und strahlend. Sie sind sich aller Gründe der Welt bewusst, warum sie diesen Weg gehen sollten, und erkennen, dass sie sich durch all ihre früheren Einwände, warum sie es angeblich nicht tun konnten, hatten täuschen lassen. In diesen vierundzwanzig Stunden spü-

ren sie den dringenden Wunsch sich zu bewegen, anzufangen, loszulegen…

Aber dann ist der Tag vorbei, der Nebel verdichtet sich wieder, sie lehnen sich zurück und schaukeln. Vor und zurück.
Eines Morgens dann sehen sie hinaus und der Nebel ist verschwunden. Sie warten, doch der Nebel kommt nicht zurück. Da ist es nun, sie sehen den Pfad zu dem Leben ganz deutlich, dass sie sich wirklich wünschen. Es ist wunderschön, strahlend und ruft nach ihnen.
An diesem Tag ist es so weit. Sie stehen von ihrem Schaukelstuhl auf und versuchen, einen Schritt zu machen… nur um festzustellen… dass sie nicht mehr laufen können.

Nacherzählung aus dem Buch
‚Das Cafe am Rande der Welt'

Bitte, lieber Konrad, schenke mir Vertrau-Glaube, Mut, offene Augen und Ohren, damit ich den richtigen Zeitpunkt erkenne, aufstehe, um loszugehen. Gib mir Zeichen aus dem Himmel, die ich deutlich erkennen kann. Ich danke Dir, Gott und den Engeln.

In Dankbarkeit und Demut, dass ich gesund bin.
Deine Emma

Im Januar 2015

„Gott wartet darauf, in Deinem Leben wirken zu dürfen. Bitte öffne die Tür, wenn er anklopft. Er liebt Dich unermesslich und möchte Dir ein neues gutes Leben schenken. Nutze Deine Gaben!"

Geliebter Konrad,

dieser Text ist von meinem heutigen Kalenderblatt. Wie schön passend zu dem, was ich Dir schreiben möchte. Erst einmal ist ein neues Jahr eingetroffen. Das Jahr 2015.
Weihnachten war so gemütlich und es hat sogar geschneit. Zwischen Weihnachten und Neujahr habe ich geträumt: ‚Ein Kreis von Trommlern lud mich ein zu tanzen. Ich ging in den Kreis und spürte Freude. Aber ich konnte nicht tanzen. Meine Beine wollten sich heben, doch sie waren total schwer. Es ging einfach nicht. Da hob mir jemand ein schweres Gewand, wie eine Ritterrüstung, von meinen Schultern. Es war so schwer, ich fühlte es richtig. Danach konnte ich mich frei und unbeschwert bewegen. Das war ein sehr freies Gefühl.' Traum zu Ende.
Mein zweiter Traum war passend zum ersten Traum: ‚Ich stand in einer Menschenschlange und wartete. Es war eine gelöste Stimmung. Neben mir sah ich einen Gartenzaun und der Garten war ziemlich ver-

nachlässigt. Dort waren zwei Männer im Streit. Sie kämpften unerbittlich miteinander. Schlugen und bissen sich. Es war schrecklich. Ich habe mir diesen Kampf und Widerstand nur angesehen. Der eine Mann ging wütend los und lief durch uns hindurch. Ich dachte nur traurig, wie wütend er doch ist und leidend'. Traum zu Ende.

Irgendwie empfand ich Erlösung durch die Träume. Es wurde viel Schwere von mir genommen und ich spüre ziemlich meinen Widerstand, vor allem auf meiner Arbeitsstelle. Widerstand ist wie gegen Treibsand zu kämpfen. Entmutigend, frustrierend und führt schließlich zur Erschöpfung. Ich darf das Seil ergreifen, welches mich in die Freiheit zieht und deshalb, lieber Konrad, darfst Du mir gratulieren. Ich habe die Heilerausbildung bestanden und beendet. Ich durfte viel lernen und habe das Gefühl einen Quantensprung gemacht zu haben. Ich habe viel Selbstheilung erfahren. Vor dem Jahre 1900 und auch nach dieser Zeit heilten die Menschen als Schamanen. Es gab Gebetsheiler und Menschen, die Hände auflegten. Sie vertrauten auf eine Kraft, für die der Mensch als Vermittler wirkte. Warum soll dies alles verloren sein? Ich glaube an diese Kraft und dass man sie sich zu Eigen machen kann. Wie kann ich wirken und wie werde ich es benennen? Da bin ich im Vertrauen. Ich habe einen wunderbaren Satz mitgenommen und zwar für den Fall in den Kampf oder Widerstand zu geraten. Eine Möglichkeit meine Gedanken zu kontrollieren und zu fokussieren.

> Meine allumfassende Heilung
> beginnt jetzt.
> Ich bin frei.
> Ich bin die Freude.
> Ich bin die Liebe.

Es funktioniert vor allem, wenn ich nicht einschlafen kann oder in der Nacht aufwache.

Wir haben tolle Meditationen gemacht und ich habe sehr intensive Energien von den Engeln gespürt, wie nie zuvor. Wir befreiten uns gegenseitig von Lasten, die wir nicht mehr tragen wollten. Es ging bei einigen sehr in die Tiefe und wir kamen alle ein Stück näher zu uns selbst.
Eine reiche Zeit.

Von Seele zu Seele und bis bald lieber Konrad.

Deine Emma

Mein gelieber Freund,

ich habe eine Auszeit genommen und bin krankgeschrieben. Es war einfach zu viel für mich die letzte Zeit. Mein Gefühl sagte mir, dass ich aus diesen Energien raus soll und es ist eine kluge Entscheidung gewesen, denn der Frühling kommt ins Land. Ich liebe diese Jahreszeit, wenn alles anfängt aufzuwachen. Natürlich habe ich auch in den Frühling geträumt. Ich sah im Traum die Sonne. Sie schien unsagbar hell. Es war sehr angenehm. Im Aufwachen, dachte ich noch, dass ich nun aufstehen müsste, da es so hell ist. So wachte ich auf und es war stockdunkel im Zimmer! Das fand ich sehr beeindruckend.

Da ich auch die Astrologie sehr interessant finde, habe ich dort tatsächlich am nächsten Tag gelesen:

„Sonnenfinsternis am 20.03.2015. Eine Wunder-Sonne. Es wird Zeit zum großen Wandel, zum großen Aufbruch. Etwas Großes geschieht, vielleicht ein Angebot, das Ihnen viel Geld bringt. Sie stehen vor dem ganz großen Neubeginn, die Wende in ihrem Leben, von der sie träumen."

von Erich Bauer

Na, das sind doch gute Aussichten ☺. Sehr positiv und genau das brauche ich.

Ich erinnere mich gerade an Carla. Sie war auch in der Heilerausbildung und erzählte mir von Conny Koppers. Ich sollte auf ihre Internetseite gehen und mir im Nachhinein das Jahreshoroskop von 2014 anhören. Nach längerem Überlegen tat ich es und es war schon beeindruckend. Sehr vieles stimmte überein. Vor allem da ich gerade die Heilerausbildung zu der Zeit machte. Da war zum Beispiel der Satz:

„Die Zwillinge erfahren eine innere Befreiung. Es ist eine wundervolle Energie, die die Zwillinge begleitet. Der Zwilling wird voranschreiten und wird das Alte loslassen und sich neu orientieren. Viele spirituelle Themen werden für den Zwilling wichtig werden. Der Zwilling wird eine heilende Energie in sich fühlen und diese vielleicht beruflich einsetzen."

Dann könnte ich mir doch auch das Engeljahreshoroskop von diesem Jahr 2015 anhören. Also was ich da hörte, ließ mich erstaunen:

„Wir eröffnen Dir neue Türen und schenken Dir das, was Du verdient hast. Du hattest viele Sorgen und Probleme in der Vergangenheit. Wir Engel haben Dich unterstützt. Bei jedem Weg waren wir dabei. Wir möchten Dir sagen, dass nun die Zeit der Erfüllung naht. Erfüllung heißt, Deine Wünsche werden wahr. Deine Ideen lassen sich umsetzen. Schau nun nach vorn und gehe mit starkem Schritt. Lasse Dich nicht aufhalten, und bringe Dich nicht selbst aus dem Tritt. Vertraue Dir. Du bist ein Kind der Rose und so wird die Liebe in Deinem Herzen immer mehr blühen. Hab Vertrauen in dieses Jahr."

Ein Kind der Rose. Erinnerst Du Dich an Osho? Dort stand die Geschichte mit der Rose, die ich Dir geschrieben habe. Kümmre Dich um den Rosenstrauch und pflege ihn.

Ich bin sehr gespannt, wie dieses Jahr endet, Konrad. Ich werde Dir natürlich alles berichten.

Ich habe in diesen 14 Tagen unglaublich aufgetankt. Ich habe täglich meditiert und war sehr oft in der Natur. Vor allem bin ich wieder in meiner Zuversicht. Das hat mir so sehr gefehlt. Wie wichtig die Zuversicht ist, weiß ich erst jetzt, wo sie mir gefehlt hat. Es geht nur noch um diesen Büroarbeitsplatz, der nach der Heilerausbildung noch weniger zu mir passt als je zuvor. Ich habe tief in mir das Gefühl irgendetwas

Mutiges zu tun. Aber was? Gestern in einem Film sagte jemand: „Ich will lieben, träumen, auf den Wolken reiten; Wind und Sonne spüren."

Da kam mir spontan eine Idee. Meine Tochter sagte Anfang des Jahres zu mir, dass sie gern einmal einen Tandemgleitschirmflug machen würde. Ich werde ihr einen Flug schenken, denn im Mai hat sie Geburtstag. Und weißt Du was, Konrad? Ich werde mir selbst auch einen Flug schenken, das werde ich meiner Tochter aber erst am Tag des Geschehens sagen, dass wir beide fliegen werden ☺. Ich muss irgendetwas tun, was ich mir selbst nicht zutraue...

Mein JA zu mir SELBST.

Ich drück Dich ganz fest.

In Liebe Deine Emma

Geliebter Konrad,

da bin ich wieder und war Dir so nah☺.
So ist das mit Mutter und Tochter. Ich habe ihr an ihrem Geburtstag im Mai einen Tandem-Gleitschirmflug geschenkt. Ihr Gesicht war köstlich, doch sie hat sich sehr gefreut. Darüber, dass ich einen Flug für mich mit geplant habe, schwieg ich eisern. Zwei Wochen später bekam ich von ihr auch ein tolles Geschenk zu meinem Geburtstag. Einen Abenteuertag beim Klettern. Die Wände sind ca. 10 m hoch und natürlich mit Sicherung. Sie blinzelte mir zu und sagte: „Du brauchst doch Mut!" Ich freute mich natürlich, aber besonders darüber, dass sie einen Tag nach dem Gleitschirmflug gewählt hat. Sie wusste ja nicht, das ich vorhatte mitzufliegen... Das gibt wohl DOPPELMUT!

Ich habe alles geschafft, lieber Konrad!! Es war so aufregend und meine Tochter war total überrascht, dass ich auch fliege. Ich flog so hoch und fand mich mutig. Es war Angst da und Freude. Was für eine Mischung. Mir war auch ein wenig schlecht. Wir flogen über die Bäume hinweg und wir waren so nah, das ich sie fast mit meiner Fußspitze berühren konnte. Es war Abenteuer pur. Auch meiner Tochter hat es sehr gut gefallen. Am nächsten Tag fand dann das

Im Juli 2015

Klettern statt, und auch das habe ich gut gemeistert. Meine Tochter und ihr Bekannter haben mich gut begleitet. Ich hatte Schwierigkeiten beim Abseilen in dieser Höhe. Da saß ich nun, oben auf einer Kante, und sollte mich allein abseilen. Komisch. Ich hatte Vertrauen in die beiden, als sie mich sicherten, aber in mich selbst nicht? Ich hatte Angst. Es ging um das Loslassen und das konnte nur ich allein tun. Ich darf MIR vertrauen.

Sie hatten unendlich Geduld mit mir, und dann hab ich es getan. Ich habe mich selbst losgelassen und bin sicher auf dem Boden angekommen. Es war, als ob sich Knoten in mir gelöst haben. Ich war sehr dankbar für dieses Wochenende. Manchmal muss man sich selbst einfach mal fordern und über die eigene Grenze gehen.
Und wie sagtest Du so schön:

> „Wenn ihr einfach loslasst, habt ihr euch selbst als Hindernis aus dem Weg geräumt."

Danke, dass Du auf mich aufgepasst hast.

Von Seele zu Seele.
Deine Emma

Mein lieber Konrad,

vor einer Woche hatte ich den starken Impuls in mir, meinen Stillen Raum in der Firma aufzuräumen. Meine privaten Sachen zu holen und Abschied zu nehmen. Das habe ich auch getan und es war einfacher als ich erwartet habe. Es war schließlich ein langjähriger Traum von mir gewesen. Den Schlüssel habe ich bei unserem Pförtner abgegeben und dies ist mir tatsächlich schwer gefallen. Es sind einige Veränderungen in der Fima und das bedeutet immer Unruhe. Ein Investor hat uns aufgekauft und Arbeitsstellen sollen abgebaut werden. Aber ich bin immer noch sehr ruhig und in meiner Beobachterrolle. Eine weise Rolle.

Ich habe mich bei einem Gebetskreis mit Conny K. am Tag des Neumonds angemeldet. Es geht um das Thema, Altes komplett gehen zu lassen und sich für das Glück zu öffnen. Ich habe mich hier ausschließlich von meinem Bauchgefühl führen lassen. Gut so. Diese Energieübertragung war sehr schön, tief und kraftvoll. Ich sah mich tanzend und drehend auf einer Wiese, wie ein Kind. Glücklich war ich. Ich hörte laut einen Satz und ich erschrak. Ich muss wohl kurz eingenickt sein. Der Satz lautete: ‚Sie können sofort ihre Arbeit niederlegen'. Nach der Energieübertragung fühlte ich mich wunderbar und sehr gestärkt. In der darauffolgenden Nacht träumte ich sehr viel, lieber Konrad. Ein Traum war sehr deutlich, was er auch immer bedeutet: ‚Ich habe im Traum meine Hände gesehen. Sie waren voller Geld. Ich fand mich in unserer Abteilung wieder und alles war dunkel. Meinen Chef sah ich in seinem Büro, und er räumte auf. Er kam dann in mein Büro, suchte mich und fand den Lichtschalter nicht mehr. Ich saß ganz still und er ging wieder. Es war einfach nur dunkel'. Das war mein Traum.

Ich war für ein Wochenende im Kloster, um Klarheit für mich zu bekommen. Es geschehen so viele Dinge und es sind klare Botschaften die ich bekomme. Es ist absolut neu für mich, dass ich ihnen folge. Denn ich sehe nicht, was dahinter ist und das macht mir Angst. Ich gebe jegliche Kontrolle ab. Das ist wohl blindes Vertrauen. Ich war nun schon so oft im Kloster und in den Stundengebeten. Immer wieder sah ich mir die prachtvollen Mosaike in den Fenstern an und habe zahlreiche Führungen mitgemacht. Doch am Sonntagmittag kam mir, beim Anschauen der Fenster, eine Erkenntnis. Das erste Fenster symbolisiert den Aufbruch. Die Farben sind hell und der Weg fängt an. Das Fenster daneben zeigt das Leid, die Trauer und Angst. Die Farben sind dunkel gehalten. Dann kommen in dem dritten Fenster wieder hellere Farben und zeigen die österliche Auferstehung. Das vierte Fenster ist bunt. Da sind Menschen dargestellt, die Musik machen mit Flöten und Harfen. Die Göttin hat ein Tamburin in der Hand, Sie tanzt und trommelt dabei, um alle aufzufordern mitzutanzen. Irgendwie war es wie eine Metapher. Ich sah mich in den Fenstern, meinen Weg im Leben und deutete es für mich. Freudvoll zu sein, Trommelnd und Tanzend in der Leichtigkeit immer mehr ankommend. Ein sehr wichtiges und erkenntnisreiches Wochenende für mich.

Ganz liebe Umärmelung von
Emma für Dich.

Im Oktober 2015

Geliebter Konrad,

alles geht rasend schnell im Moment. Ich soll im Büro weitere Projekte meiner Kollegin übernehmen. Dazu gehören Schulungen in allen Werken. Ich komme gerade mit meiner Arbeit zurecht, die ich habe. Wenn ich mir vorstelle, dann auch noch zwischen den Werken herum zu pendeln, schaffe ich an meinem Platz nicht mehr viel. Doch ich bin immer noch in meiner Beobachterrolle. Während der Sitzung mit meinem Chef und meiner Kollegin war ich ziemlich still und es tauchte immer öfter die Frage in mir auf:
„Warum gehst Du nicht?"
In der Sitzung dachte ich an all die Zeichen, Träume und Erkenntnisse, die ich letzte Zeit hatte. Vor allem der Stromausfall in meinem Büro, kam mir in den Sinn und ich musste aufpassen, dass ich in der Sitzung nicht lächelte, denn ich bekam gerade eine Menge Mehrarbeit aufgebrummt. Da lächelt man nicht. Oder?
Hat mich hier irgendjemand verstanden? Oder gehört? Thema Überforderung?

Conny Koppers bietet einen Gebetskreis an, der eine Woche lang geht. In den Abendstunden, eine Energieübertragung. Themen sind Reichtum, Wohlstand und Fülle. Lieber Konrad, und ich habe mich angemeldet. Ich hinterfrage mich gar nicht mehr, fühle mich geführt und gehe mit. So langsam gewöhne ich mich an MICH.

Aber Ihr zaubert gut. Alle Achtung, lieber Konrad. Eine Mondfinsternis am 28.09.2015. Ein Montag. Ich wurde früh am Morgen wach und fühlte mich regelrecht gedrängt nach draußen zu gehen. Ich zog mir warme Sachen über und ging hinaus. Hier am Wald ist es stockdunkel. Es war 5:00 Uhr am Morgen und dann sah ich ihn. Ein blutroter Mond, der auch in Braun- und Orangetönen schimmerte. Totale Mondfinsternis, genau vor meinen Augen. Niemals in meinem Leben habe ich so etwas Schönes gesehen. Ein magischer, sehr mystischer und heiliger Moment. Ein gigantischer Sternenhimmel. Plötzlich wusste ich, was ich zu tun hatte. Es war EUER Zeichen an mich.

Um 10:00 Uhr war ich im Personalbüro und ich habe tatsächlich gekündigt. Ich war so klar in mir. Der Personalreferent sagte mir, dass ich sogar eine Abfindung für 33 Jahre in dieser Firma bekomme, denn das Unternehmen muss Mitarbeitern betriebsbedingt kündigen. Unglaublich. Wie ich erfuhr, können sich Mitarbeiter auch freiwillig melden. Genügend Geld für mich, um erst mal in die Ruhe, zu mir selbst zu kommen und mich neu zu orientieren. Es ging leicht.

Zum ersten Mal ging in dieser Firma etwas ganz leicht. Kündigungsfrist von sechs Monaten? Zahlen sie aus. Fakt ist damit.: Am 31.10.2015, also in **vier Wochen**, ist der letzte Arbeitstag. Da kann ich dann meine Arbeit niederlegen.

                Welch eine Befreiung.

All die Zeichen, Träume, Energieübertragung, waren einfach nur wahrhaftig und haben mich auf den Weg geführt. All die Kündigungen von überflüssigen Versicherungen, Kirchenaustritt und Spenden, waren genau richtig. Die kleinere Wohnung. So habe ich viel weniger Ausgaben im Monat. Alles wurde vorbereitet für mich. Ich bin berührt, lieber Konrad und unendlich dankbar für diese wunderbare Führung und ich bin mir dankbar, dass ich mich führen lasse, mit viel Vertrauen. Wie sehr ich Euch doch liebe.

Nun nimmt alles seinen Lauf. Ich räume mein Büro auf, sortiere und führe Gespräche. Und was für Gespräche:
„Nach 33 Jahren kündigst Du? Du bekommst in Deinem Alter mit 53 Jahren schwer einen neuen Job! Was ist mit der Rente?"

Ja Konrad, es ist Zeit zu gehen. Durch meine Ängste gehe ich lieber alleine ☺ ohne diese Kommentare.

Ich habe noch ein gutes Geschäft gemacht. Ich fragte im Personalbüro nach all den Utensilien in meinem Stillen Raum, die der Firma gehören und ich ihnen abkaufen wollte. Da waren Decken, Yogamatten, Bilder, eine Musikanlage, wunderschöne Lampen und noch viele kleine Dinge. Und ja, ich konnte mir alles mitnehmen für eine Spende an ein Kinderhospiz. Ich fühlte mich reich beschenkt. Am 21.10. räumte ich den Stillen Raum aus. Mein Auto war vollgepackt, bis oben hin, und ich fühlte Dankbarkeit in mir. Das ist wirklich gut, denn mit Groll wollte ich nicht von der Firma gehen. Das habe ich gelernt, alles dort aufzulösen, wo ich mich gerade befinde, sonst trage ich die Last weiter mit mir herum und mache Lektionen nochmals durch. Als ich meinen Stillen Raum leeräumte, fand ich einen Zettel und dort stand mit roter Schrift groß drauf:

ICH BIN FREI IN MEINER ENTSCHEIDUNG

Wie freute ich mich darüber und nahm den Satz mit. Als ich mit meinem vollbeladenen Auto nach Hause kam, lag ein Zettel in meinem Briefkasten. Er war von meiner anderen Nachbarin. ‚Hallo liebe Emma, dieses Horoskop fand ich heute in meiner Zeitschrift. Man muss nicht daran glauben, aber es liest sich gut. Viele Grüße'.

Im Oktober 2015

Dort stand für diese Woche:

„Zwillinge: Unter Mars, Venus und Jupiter erhalten sie schönste Geschenke: Sie kommen in Kontakt mit Ihrer Weisheit, mit lang gehegten Lebensplänen, Träumen. Tauchen Sie ein in den Pool von Möglichkeiten – die warten darauf verwirklicht zu werden! Wer sich länger schon mit neuen Berufszielen trägt, aber durch innere Saboteure bremsen ließ, hat jetzt die Kraft sie umzusetzen. Eine gute Beziehung profitiert von Entwicklungssprüngen übrigens immer."

So sei es ☺

Ich führte noch ein Abschiedsgespräch mit meinem Lieblingskollegen, mit dem ich so schön lachen konnte. Wir saßen in meinem Büro, hatten die Tür geschlossen und plauderten angeregt. Ich wollte ihm irgendwie meine private E-Mail Adresse geben, aber es gelang mir nicht. So gingen wir auseinander. Am 30.10. hatte ich meinen letzten Arbeitstag und einige Kollegen verabschiedenden sich von mir mit Geschenken. Ich spürte meine Erwartungshaltung, dass mein Kollege kommt und mir doch noch seine private E-Mail Adresse gibt, aber er kam nicht. Als ich aus dem Werk ging, diese Tür mit den Gitterstäben zuschloss, war es tatsächlich so, als ob ich nach 33 Jahren aus dem Gefängnis entlassen wurde. Ich fühlte mich frei wie nie zuvor. Es mischte sich zaghaft die Angst und Unsicherheit unter das Gefühl der Freiheit, aber es war noch zaghaft. Am 31.10. hatten wir unseren Trommelworkshop und zwei Trommelfreunde gaben mir ihr Kalenderblatt vom 31.10. mit einem Lächeln:

> „Und plötzlich weißt du; es ist Zeit, etwas Neues zu beginnen und dem Zauber des Anfangs zu vertrauen."
>
> Meister Eckhart

Es gibt keine Zufälle.

Ich drück Dich ganz fest und ich hab Dich lieb.

Deine Emma

und danke an Euch all Ihr Lieben im Universum.

Im Dezember 2015

Geliebter Freund,

nun sortiere ich mich neu. Wie wird mein neuer Tagesrhythmus sein? Wann werde ich wach? Ich kenne mich gar nicht, weil ich jahrelang fremdgesteuert war. Schon für die Schule wurde ich aus dem Bett geholt, um pünktlich zum Bus zu kommen.

Anfang November war es total warm. Wie schön. Ich gehe jeden Morgen in den Wald. Ein Luxus für mich. Ich genieße es. Ich genieße die Bewegung und spüre, wie wohl es meinem Körper tut. Er hat sich so gewehrt mit Schmerzen im Rücken und in den Schultern, den ganzen Tag an einem Platz, dem Schreibtisch zu verharren.

Als ich meine kleine Terrasse winterfest machen wollte, lief ein kleines Wesen an der Scheune entlang. Ich erkannte ein Katzenbaby. Dieses Baby hat sich dann in mein Herz geschlichen. Es wurde wohl ausgesetzt und der Winter stand vor der Tür. Nun hatte ich eine Aufgabe. Ich besorgte alles für ein Katzenbaby, und sie wurde immer zutraulicher. Ihr gefiel mein Keller und dort schlief, fraß sie und spielte mit mir. Sie sprang auf mir rum und fand alles was sich bewegte toll. Sie fand es aber auch draußen schön und so hoffte ich jeden Abend, dass sie wiederkam. Ich konnte sie nicht einsperren. Sie wollte raus. Wie gut ich sie verstand. Doch eines Abends kam sie nicht wieder und ich war endlos traurig. Ich erfuhr, dass sie sich ein neues Zuhause gesucht hat, bei entfernter Nachbarschaft. Die Tiere suchen sich eben ihr Zuhause selbst aus. Katzen sind sehr frei. Mit diesem Gedanken konnte ich aushalten, dass sie weg war. Meine Momo.

Ich schmückte meine Wohnung weihnachtlich und freute mich auf die Zeit zwischen Weihnachten und Neujahr. Ich wollte mich ganz intensiv mit den Rauhnächten befassen. Die Rauhnächte sind etwas sehr mystisches, Geheimnisvolles. Sie finden zwischen Weihnachten und dem Dreikönigstag statt. Ich habe mir vorgenommen, still zu sein in dieser Zeit, auf Zeichen und Träume zu achten und mich für den Neubeginn zu öffnen. Am 21.12. (Wintersonnenwende) habe ich mir die Tagesbotschaft von Conny Koppers angeschaut. Sie war so schön zu lesen und passte zu meiner positiven Stimmung:

> „Bleib auf Deinem Weg! Das Alte dient nicht mehr. Dabei darfst Du ruhig mutig sein, denn nur wer etwas wagt, hält sein Leben interessant. Folge Deinen Träumen, denn sie sind es wert. Lass Dir nichts ausreden, was du schon begonnen hast. Wenn Du an Dich glaubst,

kommt Dir der ganze Himmel zu Hilfe. Heute wird Dir bewusst, welche Fähigkeiten und Talente in Dir schlummern, die Du in den nächsten Wochen und Monaten zur Vollendung bringen kannst. Die Unterstützung der Engel ist Dir sicher."

Ach, lieber Konrad. Dann war am Heiligenabend auch noch der Vollmond am Himmel. Welch Schauspiel das Universum doch in diesem Jahr bietet. Ich bin fasziniert davon. Denn einen Vollmond zu Weihnachten gibt es nicht all zu oft.

Ein ereignisreiches Jahr geht zu Ende. Nun geht es in die Veränderung. Wie es auch immer sein wird, ich werde mitgehen.

Ich drück Dich ganz fest und danke Euch allen für Eure liebevolle Begleitung. Ohne meinen Vertrau-Glauben hätte ich niemals gekündigt. Ich wär in meiner Angst und meinem Sicherheitsdenken steckengeblieben.

D A N K E !

Eure Emma

„In dem Augenblick, in dem man sich endgültig einer Aufgabe verschreibt, bewegt sich die Vorsehung auch. Alle möglichen Dinge, die sonst nie geschehen wären, geschehen, um einem zu helfen. Ein ganzer Strom von Ereignissen wird in Gang gesetzt durch die Entscheidung, und er sorgt zu den eigenen Gunsten für zahlreiche unvorhergesehene Zufälle, Begegnungen und materielle Hilfen, die sich kein Mensch vorher je erträumt haben könnte. Was immer du kannst, beginne es. Kühnheit trägt Genius, Macht und Magie. Beginne jetzt!"

Lieber Konrad,

ich beginne mal meinen Brief mit Johann Wolfgang Goethe, da es so sehr passend ist. Ich schreibe nun an meinem Buch, und genau so, wie es in diesem Text steht, erlebe ich es. Ich habe angefangen, zu schreiben und es fließt, Wort für Wort. Ich habe mir so viele Gedanken gemacht, wie schwer es ist ein Buch zu veröffentlichen, da ich keinerlei Erfahrungen habe. Angst vor Geldmangel, Zweifel, Existenzängste und Unsicherheit, machen sich ziemlich breit in mir. Ich habe das Gefühl, so manche belächeln mich, wie naiv ich bin ein Buch schreiben zu wollen. Dies zeigt mir nur an, dass ich instabil bin und selbst nicht an mich glaube. Außerdem werde ich behutsamer mit meinen Ideen umgehen, wem ich sie anvertraue, wer mich darin bestärkt und wer nicht. Aber auch da kamen ermunternde Worte in einer Tagesbotschaft von Conny Koppers.

> „Habe Vertrauen in Deinen Weg, Deine Kraft und in Deine Entscheidungen. Du kannst alles schaffen, lasse Dich von nichts und niemanden abhalten, bis Du Dein Ziel erreicht hast. Lebe Deine Wahrheit. Du bist nicht allein. Du wirst unterstützt bei all Deinen Plänen und Unternehmungen."

So ist es auch. Genau am 29.02.2016 (Schalttag) ist mein Buch fertig geworden. Ich träumte in der Nacht von Dir Konrad. So deutlich habe ich Dich gesehen. Dein Lächeln war so klar. Ich zeigte Dir mein Buch, jedoch nur sehr zaghaft. Dein Lächeln gab mir Zuversicht.

Am Morgen nahm ich Dein Buch in die Hand, welches Du als allerletztes geschrieben hast und auf Deiner Trauerfeier verteilt wurde. Dort las ich auf der letzten Seite einen Text, der mir erst jetzt bewusst aufgefallen ist. Ich las es wie eine Botschaft von Dir:

„Sich (Er) Finden in der Sprache

Erzähler zu sein heißt, Geschichten aufzuschreiben, alte und neue, selbsterlebte Geschehnisse auszusagen, biografische Stücke zu erzählen, Erinnerungen darzulegen, das Leben zu bezeugen, liebende Zukünftigkeit aus akzeptierter Erzählung des Vergangenen zu erzeugen. Erzähle dich, und du erfindest dich selbst."

Konrad

Im Internet fand ich dann eine Lektorin mitten in Münster. Die Frau war mir gleich sympathisch und ich schickte ihr mein Buch. Sie antwortete mir positiv und wollte mir durch den Dschungel der Veröffentlichung helfen.

Auf meinem Spazierweg durch den Wald, fragte ich Gott, ob es der richtige Weg sei, mein Buch so zu veröffentlichen. Ich habe ein gutes Gefühl. Da flog plötzlich eine Taube neben mir aus dem Gebüsch und flog in den Himmel. Ich folgte ihr mit meinem Blick und sah die Regenbogenfarben. Der Himmel war total blau und nur ein paar Schleierwolken waren zu sehen. In diesen Schleierwolken sah ich die Farben des Regenbogens. Ein wunderschönes Blau, Grün, Rot,

Im Mai 2016

Orange und Violett. Die Farben waren so klar. Alles ist richtig. Danke lieber Gott! Wie wunderschön doch Zeichen sein können. Wir brauchen uns nur dafür zu öffnen. Für die Neugier, die Versunkenheit, die Begeisterung, Leidenschaft und Freude, wie ein Kind zu sein. Dies ist etwas sehr lohnenswertes. Mich trägt es durch mein Leben.

Und es ging leicht. Alles ist so wahr geworden. Mein Buch wird im Sommer veröffentlicht. All die Sätze, Texte, Träume und mein Bauchgefühl. Ich komme immer mehr in das Vertrauen, lieber Konrad.

Ich räume mal wieder auf, entsorge vor allem alte Photos. Alles, was nicht mehr zu mir gehört, gebe ich weg. Da ist einiges, muss ich feststellen, obwohl ich schon so viel entsorgt habe. Es befreit mich enorm. Ich habe meinen alten Konfirmandenspruch vom Jahre 1977 gefunden und irgendwie war es so, als ob mir Gott schon damals gesagt hat: Ich bin da. Der Denkspruch lautet:

Ich habe Dich je und je geliebt, darum habe ich Dich zu mir gezogen aus lauter Güte.   Jer. 31.3

Ich umärmel Dich ganz fest.

In Liebe Deine Emma

Mein geliebter Konrad,

hier erreicht Dich nun mein letzter Brief.

Wie sehr habe ich mein Leben als Kampf empfunden. Auf der Arbeitsstelle, in der Familie und sogar mit Freunden. Ständig hatte ich das Gefühl mich behaupten zu müssen. Die Welt in der ich lebte, war in vielerlei Hinsicht nicht in Resonanz, was mich selbst in meiner Tiefe bewegte. Manchmal fühlte ich mich wie auf einer Wanderung durch eine Wüste. Verdammt einsam. Doch ich bin Gott näher gekommen. Mein Leben fühlt sich immer sicherer, zwischen Himmel und Erde an und ich bin nie allein. Niemals. Ich habe mich noch nicht vollständig gelöst von Energien der Angst, Kontrolle, des Urteilens, und des Schmerzes. Jedoch ist mir vieles bewusst und so kann ich es anschauen und wandeln.

Wir Menschen mögen Veränderungen nicht so gern und harren oft in Situationen aus, die unserem Wohle nicht mehr dienen, einfach nur, um die Veränderung zu vermeiden. Wir alle sind aufgerufen, uns der Veränderung hinzugeben, dem Leben hinzugeben und mutig den Sprung zu wagen, wenn der Moment sich zeigt. Ich habe mich gefragt, wie es wohl ist FREI zu sein. Trau ich mich wirklich, alle Sicherheitsleinen loszulassen? Trau ich mich, das Vergangene zu wandeln, um Neues zu empfangen, Schritte zu gehen, auch wenn sie gefühlt durch den Nebel führen und der Verstand schreit, keine Kontrolle mehr hat und nicht mehr mitkommt? Es braucht Mut, Vertrauen und Hingabe. Wir können nicht sehen, was schon Neues auf uns wartet und diese Unsicherheit und Ungewissheit auszuhalten, ist wohl die größte Lernaufgabe. Wir glauben nicht daran, wenn wir etwas nicht sehen können. So ist es mit vielen Dingen. Was wir nicht sehen, existiert meistens auch nicht für uns. Was ist jedoch mit fühlen, hören, spüren oder auch träumen? Ich habe gelernt mich vertrauensvoll der höheren Führung hinzugeben. Das ist nicht nur angenehm, aber immer heilsam. Wie oft haben wir beide über die Hingabe gesprochen, Konrad. Aber erst jetzt habe ich es wirklich verstanden.

Sich dem Leben hingeben heißt letztendlich, das Leben so anzunehmen wie es ist. Sollte Wut da sein, gilt es die Wut anzunehmen. Herrscht Einsamkeit, so gilt es auch die Einsamkeit anzunehmen.

Was es mir so schwer gemacht hat, ist letztendlich das gewesen, was ich nicht so haben wollte, wie es in dem Moment war. Ich habe mich im Widerstand verstrickt, anstatt meinen Widerstand anzuschauen. Das Annehmen fiel mir so schwer, und doch war es nur mangelndes Vertrauen in das Leben, meine Seele, in Gott und die Engel.

So ist es auch in der Liebe zu einem Partner, in der beide frei sein können, und doch wissen, auf tiefer, tiefer Ebene, wir gehören zusammen.

Doch Liebe ist nicht nur die Liebe zu einem Partner. Ich weiß, dass ich die Natur liebe, die Jahreszeiten, Tiere, Pflanzen, mein Zuhause, Menschen, Geld, aber vor allem mich selbst. Das alles ist Liebe. Die Selbstliebe ist ein wichtiger und sogar der einzige Schlüssel. Diese Erfahrung darf ich immer wieder machen. Es beginnt bei mir. Ich darf mich sanft, liebevoll und fürsorglich um mich selbst kümmern. Gesunde Grenzen sind ein so wichtiger Aspekt der Selbstliebe. Ich habe mal einen Satz gelesen der lautete: ‚Investiere niemals mehr in das Wohlbefinden einer anderen Person, als sie es für sich selbst tut, und investiere niemals in das Wohlbefinden einer anderen Person mehr, als in dein eigenes'. Lange habe ich über diesen Satz sinniert und wie wahrhaftig er doch ist. Ich habe oft für andere viel mehr getan und mitgedacht, als für mich selbst.

Es gibt so viele Texte und Bücher zu dem Thema Selbstliebe. Ich habe sehr viel darüber gelesen. Doch wenn ich in der Stille bin, die Liebe und das Mitgefühl für mich empfinde und erfahre, für mich, Emma, da erst verstehe ich mit dem Herzen. All die Kämpfe im Außen, um gesehen, verstanden, geliebt und angenommen zu werden sind verflogen. Das EGO in diesem Moment verstorben. Es hat keine Macht mehr. Keine Macht mehr, mir zu erzählen, dass ich ungeliebt bin und niemals gesehen oder angenommen bin. Ein wirklich wahrhaftiges und beglückendes Gefühl. Es ist kaum zu beschreiben, nur selbst erfahrbar. Wer diese Selbstliebe in sich je empfunden hat, blüht auf in seiner wahren und einzigartigen Weise. Das ICH BIN ist geboren. Dies war immer das Bestreben von Dir lieber Konrad. In den Spiegel zu schauen und sich zu lieben.

Da fällt mir gerade ein, dass ich in einem Wartezimmer saß und ein Mädchen von ca. vier Jahren drehte sich vor dem Spiegel. Es schaute sich an, drehte sich rechts herum und lachte. Es drehte sich links herum und schaute sich an wie ihr Rock im Drehen hochflog. Sie hatte solch eine Freude an sich selbst, und die wartenden Menschen fanden es entzückend. Wann ist der Zeitpunkt, wo wir dies verlieren und wieder mühsam erlernen müssen? Was wäre, hätte ich mich vor dem Spiegel gedreht? Wäre ich auch entzückend gewesen oder schlicht verrückt? Wir tragen unendlich viele Glaubensmuster in uns. Hier gilt es sie in unser Bewusstsein zu bringen. Für mich ist die Musikreise und Meditation ein wunderbares Werkzeug, um an die unbewussten Themen heran zu kommen, damit sie erlöst werden.

Ich träume viel. Manchmal bunt. Manchmal schwarz, weiß und dunkel. Ein Mann schleicht sich öfter in meine Träume. Wir tanzen, reden und lachen zusammen. Einmal habe ich ihn mit meinem Finger in den Bauch gestupst und wir haben so gelacht. Das sind meine schönsten Träume, weil sie so leicht sind und mich tragen. Noch weiß ich nicht, wer er ist ☺.
Hingabe ☺

Was werde ich tun? Wie werde ich in Zukunft wirken dürfen? Allein oder mit jemanden zusammen? Da ist so viel vorhanden in mir. Ich darf es entdecken. Türen öffnen sich für mich und das fühlt sich gut an. Es sind völlig neue Räume die ich betreten darf. Und Du, lieber Konrad, schreitest mit mir hinein.

Mein Papa ist im Januar 2016 verstorben. Ich habe ihn früher oft in das Krankenhaus gebracht und mich innerlich verabschiedet. Er sagte dann zu mir: „Mein Herz will nicht mehr." Wir haben unzählige Krankenbettgespräche gehabt und ich war im Frieden mit ihm. Auch er glaubte an Gott und die Engel. Das ich mich dann entfernt habe, von meiner Mutter und von meinem Vater, ist so geführt worden. Ich musste einfach Abstand haben, um mich wieder sehen zu können. Als mein Vater starb, war ich nicht bei ihm. Auf seiner Beerdigung, sah ich meine Mutter zum ersten

Mal nach 2 ½ Jahren wieder. Ich war verstummt, habe mit niemanden reden wollen. Was mir nicht aus dem Sinn ging, war der Blick meiner Mutter. Sie schaute mich eher auf der Seelenebene an, ohne Vorwurf. Ich wusste, ich hatte noch etwas zu klären mit ihr. Dies wurde magisch geführt. Ein Morgen im Juni drängte es mich in die Stadt zu fahren, ich konnte mich nicht wehren. Also fuhr ich. Ich machte kleine Besorgungen und sah meine Mutter. Ich habe mich so erschrocken, dass ich umkehrte und nach Hause fuhr. Doch Gott ließ dies nicht durchgehen und zwei Wochen später führte er mich wieder eindeutig in die Stadt. Ich fuhr hin und dort traf ich sie wieder. Meine Mutter kam direkt auf mich zu. Sie erkannte mich jedoch nicht und als ich ihr hinterher schaute, kamen mir Tränen. Ich war hin und hergerissen und lief ihr dann doch nach. So nahm alles seinen Lauf.

Nun besuche ich sie öfter und spüre, dass noch viel in mir geheilt werden möchte. Alte Muster und Glaubenssätze, die mir in meiner Erziehung eingeprägt wurden, kamen in Scharen hoch. Dies betraf die Gesellschaft, Kirchen, Behörden, wie ich mich zu verhalten habe, wie ich gut in die Gesellschaft „passe" und wie nicht. Gut und Böse. Richtig und Falsch. Mal ging es mir gut, mal schlecht nach den Besuchen. Achterbahn der Gefühle. Erzengel Michael an meiner Seite, schrieb ich alles auf und verbrannte die

Zettel, um die Themen in mir zu erlösen, mein inneres Kind zu heilen. Das war eine Menge. So viel Verletztheit. So viel Kindheit. So viel Tränen. So viel Ego. In meinem Ego wurde ich sehr berührt. Es war, als ob jemand den Vorhang aufzog und mir etwas zeigte. Meine Mutter war kein gewöhnlicher Handspiegel, den sie mir vorhielt, nein, sie war ein ganzer Spiegelsaal. Sie traf mich in tiefen Wunden, und drückte Knöpfe perfekt. Ich habe es nicht gleich erkannt, dass alles mit mir zu tun hat, mit meinen Prägungen. Doch ich verstand das Ego immer mehr. Es steht mir so oft im Wege und lässt mich als Opfer der Umstände fühlen, um dann andere anzuklagen. Es waren meine Muster, die da anklopften und meine Mutter zeigte sie mir. Daher beschäftigte ich mich mit diesem Thema. Das Ego zeigt sich durch:

- Recht haben wollen und die Meinung anderer nicht zu akzeptieren
- Stolz, Eitelkeiten und Überheblichkeit (sich als etwas besseres sehen)
- Halbwahrheiten zu eigenen Gunsten
- Gier, Geiz und bewusste Ausbeutung
- Macht, Gewinndenken, bewusste Täuschung und Manipulation
- Herrschsucht, Anfeindungen, Energieraub, Kontrolle

-Zerstörung, Hass, Kriege und Kälte im Umgang mit anderen

Es gibt sicher noch einiges auszuführen, doch ich hatte damit erst mal genug. Ich sah auf verschiedene Arbeitsstellen, die Politik, auf Beziehungen, Familien, ja sogar auf die ganze Welt. Wir bestehen aus einem großen Ego. Wo ist die Liebe hin? Ich stellte für mich fest, wie schwierig es ist, in die Liebe und in das Mitgefühl für meine Mutter zu kommen. Je mehr ich jedoch in mir löse, desto öfter klopft das Mitgefühl für sie leise an meine Tür an. Das ist sehr befreiend für mich und zeigt mir den Weg. Kleine Veränderungen geschehen im Umgang mit uns. Dies ist meine größte Lernaufgabe, bei mir zu bleiben, mich zu stellen und zu erkennen, warum so vieles in meinem Leben so oder so geschehen ist.
Dieser Weg führt mich letztendlich in meine Freiheit.
Wie war das mit der Liebe, Konrad?

„Bring Deine Liebe aus dem Kämmerlein in die kalte Luft der Institutionen, Geschäfte und Medien – und wenn es nur wenig ist! Ich will im Elend der Welt Liebe vermehren im Kleinen und im Großen, in vielen Formen.

Schön wär's, bauten wir an vielen Orten Nester und Inseln der Liebe, um die Liebe in dieser Welt zu vermehren. Wir werden Lust am Selbstentfalten mehr bezeugen und erzählen.
Auf geht's!"

        Konrad

Eine wunderbare Botschaft. Danke Konrad.

Meine Seele führt mich ganz klar in die Heilung. Meine Familiengeschichte hat mich geprägt, vielleicht mehr als alles andere, was mir in diesem Leben bereits begegnet ist. Ich bin sehr dankbar für diese Chance der Heilung, denn es hätte mich immer wieder eingeholt.

Ich habe Conny Koppers mein erstes Buch geschickt. Es war mir ein tiefes Bedürfnis, ihr dieses Geschenk zu machen. Sie ist eine Begleitung für mich und Gott hat uns verbunden. Wertvolle, positive Menschen sind so wichtig in der Neuen Zeit die anbricht. Conny hat mir meinen Brief beantwortet und wunderbar ermunternde Worte geschrieben, auf meinem Weg zu bleiben. Sie hat mir auch ein Buch geschenkt und ich war tief berührt, als ich den Titel las. Denn es ist ein

Buch von Gott. Weißt Du noch Konrad? Im September 2012 habe ich Dich gebeten, mir von Gott zu erzählen. Nun bekomme ich dieses wertvolle Geschenk. Ich bin dankbar.

Geliebter Konrad, ich möchte meinen Brief mit einem Text aus dem Buch, welches Conny mir geschenkt hat, gern beenden, denn er hat mich tief in meinem Herzen berührt. Immer im Wissen, dass Du, die Engel, Einhörner, Naturwesen, Gott, für mich da seid. Ich kann niemals fallen. Ich liebe Euch so sehr und schau Konrad.

Ich kann lieben wie ich nie geliebt habe.

Vielleicht auch:

Ich kann **mich** lieben
wie ich **mich** nie geliebt habe☺

In Treue und Liebe verbunden.

Deine Emma

Ps. Es ist Zeit für das was war, Danke zu sagen, damit das Neue in meinem Leben seinen Platz findet und unter einem guten Stern beginnt.

DU GEHST ALLEIN MIT MIR

Mein Kind, heute Morgen komme Ich zu dir als ein liebender, zärtlicher Freund. Ich, der Ich über die Hügel Galiläa ging, der wanderte und zu der Menge sprach, der doch so oft allein war – ja, einsam, denn selbst jene, die Ich liebte, verstanden nicht. Und so kenne Ich dein Herz und seine Einsamkeit. Jene, bei denen du jahrelang Freundschaft und Verständnis gesucht hast, scheinen oft nicht mehr zu genügen. Doch jetzt sage Ich dir, meine Tochter, wenn dieses Gefühl dich überkommt, wende dich nach innen und finde den Frieden meiner Gegenwart. Du kannst nicht dein Ziel erreichen oder dein Werk tun, wenn du den Ballast weltlicher Freunde und Bekanntschaften mit dir schleppst. Der Pfad ist schmal, das Ziel liegt vor dir. Es ist nötig, dass du oft allein mit deinem Herrn wanderst.

Aber höre nun, trockne die Tränen deines Herzens, denn Ich will dir jetzt sagen, was nie versagen wird, dir Trost zu geben. Wenn du da ankommst, wo du jetzt bist, wenn du sagst: „Herr, es ist dunkel und einsam. Wo sind sie, mit denen ich gegangen bin?", dann sollst du wissen, dass ein weiter Weg hinter dir liegt und dass du in dem Augenblick, wo du dein Alleinsein mit mir bemerkst, Hilfe bekommen sollst. Meine Helfer, sichtbare und unsichtbare, sind dir zur Seite, und gerade durch dieses Alleinsein hast du den Weg für ihre Hilfe geöffnet. Friede sei, mein Kind, in deinem Herzen, und wisse, dass Ich, dein Herr, dir vorangehe.

aus dem Buch
„Stille Gespräche mit dem Herrn"
von Eva Bell-Werber

Brief an Sie

Liebe Leserinnen und liebe Leser,

vielleicht kann ich Sie ermuntern, die himmlischen Helfer um Unterstützung und Begleitung zu bitten. Auch die lieben Verstorbenen sind glücklich, wenn wir sie um Hilfe bitten oder mit ihnen sprechen. Ein Versuch lohnt sich allemal. Ich spreche mit Gott als säße er neben mir oder er mich auf meinen Spazierwegen durch die Natur begleitet. Ich erzähle ihm was mich freut, wofür ich dankbar bin, wo ich Unterstützung benötige oder ich stelle Fragen. Er hat mich noch nie allein gelassen. Irgendwann kommt die Antwort und plötzlich ist das Wissen da, warum etwas so oder so gewesen ist. Gebete sind ein mächtiges Werkzeug. Zwei Gebete, die mich begleiten, habe ich Ihnen im Anhang niedergeschrieben. Doch meistens spreche ich Gebete aus meinem Herzen heraus. Die Antworten auf Fragen können in Träumen liegen, oder ein Mensch sagt etwas. Ein Buch kommt in die Hände oder ein Film kommt mit einem Satz daher. Seien Sie ein Beobachter und fühlen in sich hinein. Die Antwort wird sich wohlig und wahrhaftig für Sie anfühlen.

Eine Musikliste ist im Anhang. Konrad und ich haben für Sie sorgfältig ausgewählt ☺. Es sind sinnliche Musikstücke, traurige, aufrüttelnde, ungewöhnliche, zärtliche oder einfach schöne dabei. Sie sind für

Musikreisen gut geeignet. Was sich zeigen möchte, an Themen, Glaubenssätzen oder Gefühlen, möchte zugelassen, gesehen, erlöst werden.

Für die Stille oder Meditation, habe ich für Sie aus meiner Erfahrung heraus Musik ausgewählt, die zu Herzen geht, Sie in die Tiefe bringt, heilend und unterstützend wirkt. Auch hier finden Sie Empfehlungen im Anhang.

Ich finde es so wichtig, gerade in der heutigen Zeit, einen Ort zu besitzen, der Halt, Stabilität, Sicherheit und Geborgenheit schenkt. Und dieser Ort ist **IN IHNEN**. Niemals im Außen. Wenn Sie sich verloren fühlen, gehen Sie nach innen.

Dort werden Sie versorgt mit Liebe, Weisheit, Frieden, Inspiration und Lebensenergie. Dann wird Schweres leichter, Unerträgliches erträglich und Unklares klar. Das Ego zum Schweigen bringen und wenn es nur für kurze Zeit am Tag ist, können Quantensprünge verursachen.

Die Sehnsucht nach Freiheit, Frieden und Liebe trägt Sie über alle Ängste und der Mut wird geboren.

Wir sind auf allen Ebenen geschützt, begleitet und gesegnet.

Von Herzen wünsche ich Ihnen eine wunderbare Reise, zu dem wohl schönsten Ort. **Sie Selbst.**

Ihre Emma Feen, die Sie gern begleitet hat.

Morgengebet

Danke für diesen neuen, wundervollen Tag,
für dieses neue Leben, das ich geschenkt bekommen habe, um es frei und in voller Liebe zu gestalten.
Ich danke für das herrliche Erbe, das in mir ist, die grenzenlose Kraft neues zu erschaffen.
Ich werde das allerbeste daraus machen zur Freude aller. Jedes Ereignis und jede Erfahrung nehme ich dankend an und weiß, dass alles zu meinem Wachstum und zu meinem Wohle dient.
Ich danke meinem wahren, inneren Sein, die über meine Empfindungen und über mein Herz sich äußern. Ich will lauschen und ihm folgen.
Möge es ein Tag der Freude und Leichtigkeit,
ein Tag der Achtsamkeit und ein Tag der Liebe,
ein Tag der Kreativität und ein Tag des Friedens sein.
Möge es ein heilender Tag für mich und andere sein.
Möge heute das Bewusstsein in mir wachsen, dass ich eins bin mit allem was ist.

Dies ist mein Wunsch und mein Wille.
Und so sei es.
Amen. Danke.

Mein Begleitergebet

Hilf mir gesunde Risiken auf mich zu nehmen.
Hilf mir gesunde Entscheidungen zu treffen.
Hilf mir mich von meiner Versagensangst zu lösen und hilf mir meine Erfolgsangst abzulegen.
Hilf mir, die Angst vor einem erfüllten Leben loszulassen und hilf mir, alles zu erfahren, was zu meiner Reise gehört.
Danke!

Unbekannt

Einschränkende Glaubenssätze (Beispiele)

Du bist so undankbar

Aus Dir wird nie etwas

Du musst dich nicht in den Vordergrund stellen

Leben heißt hart arbeiten

Faulheit wird bestraft

Du bist nichts wert, wenn Du dies oder das nicht tust

Ich werde nur geliebt, wenn ich Leistung bringe

Wer hart arbeitet, wird in der Gesellschaft gut angesehen

Ohne Fleisch zu essen wirst Du krank

Das Böse in der Welt wird immer schlimmer

Du kannst doch nicht malen, schreiben, singen, etc.

Du hast die Krankheit von Mutter/Vater geerbt

Geld muss man zusammen halten

Wer kein Geld hat, ist ein schlechter, fauler Mensch

Ich bin wertlos und verdiene keinen Erfolg

Du bekommst nie einen Mann ab

Das Schicksal meint es nicht gut mit mir

Positive Glaubenssätze/Affirmationen (Beispiele)

Ich bin gut so, wie ich bin

Ich bin gesund

Ich erkenne meine wahre göttliche Natur und Größe

Ich bin erfolgreich und erlaube mir, meine Wünsche zu leben

Ich bin sicher und geschützt

Gott schützt mich, Gott liebt mich, Gott leitet mich

Das Leben unterstützt mich

Ich bin schön und alle lieben mich

Ich bin im Frieden

Ich verdiene es, mich wohl zu fühlen

Ich bin auf einem Planeten der Fülle, des Friedens, der Harmonie, der Liebe und alle meine Beziehungen und auch meine Finanzen spiegeln das

Ich bin im Vertrauen

Ich bin stark und mächtig

Ich bin offen für andere Meinungen

Ich vertraue meiner Intuition

Ich bin mit Reichtum und Fülle gesegnet

Ich akzeptiere mich

Meine Entscheidungen sind immer richtig

Ich lasse die Vergangenheit bewusst los

Mit Leichtigkeit löse ich mich von der Vergangenheit

Ich lasse alle Dramen gehen

Ich bin liebevoll und liebenswert

Ich kommuniziere mit Leichtigkeit und Freude

Alles findet mit Leichtigkeit und Freude zu mir

Viele Affirmationen findet man in den Büchern von Louise L. Hay

Dieser Film hat mich berührt in meinem Thema Resonanz: **Der Film Deines Lebens**

Meine Klosteraufenthalte waren in der **Benediktinerinnenabtei Varensell, Stadt Rietberg**

Meine unterstützende Begleitung Conny Koppers
http://connykoppers.de/

Musik für die stille Reise (Mediation)
Musik von MyEric (Liebling von Emma ☺)
Diese Musik hat mich besonders im Herzen berührt, daher empfehle ich sie gern weiter. Sie ist auch für Tiere sehr gut geeignet.
Es gibt verschiedene Auswahlen auf folgender Internetseite: http://vision.cristallina.de/

Weitere Musik für die stille Reise (Meditation)
Kurt van Sickle - Father, Father
Deuter - Reiki Hands of Light
Deuter - East oft the full Moon
Aeoliah - Majesty
Aeoliah - Angel Love

In die Stille gehen können Sie mit oder ohne Musik.

Reisemusik:
Armand Amar - Home
Armand Amar - La Terre vue du ciel
Rene Aubry - Plaisirs d'amour
Lambarena - Bach to Africa
Kronos Quartet - Pieces of Africa
Ennio Morricone - Sostiene Pereira
Arvo Pärt - Alina
Górecki, Satie, Milhaud - O Domina Nostra
Górecki - Symphony No. 3, Op. 36 (1976)

Mikis Theodarakis & Pablo Neruda -1980 Canto General
David Darling - Dark Wood
Ketil Bjørnstad & David Darling - The River
Stephan Micus - Desert Poems
Stephan Micus - The Garden of Mirrors
Gavin Bryars - After the Requiem
Johannes Brahms - Ungarische Tänze
Giya Kancheli - Vom Winde beweint

Höre viel mehr, berausche Dich, genieße immerzu, sei spielerisch, wähle nach Zufall, experimentiere, beweg Dich, schnurre, surre, lisple zur Musik, probier die verrückteste Musik aus. Ich habe sie Euch ausgewählt, ich hätte viele noch dazu gewählt – es gibt so viele Wunderwerke, Erdenklänge, Himmelsjubel!

Euer Konrad

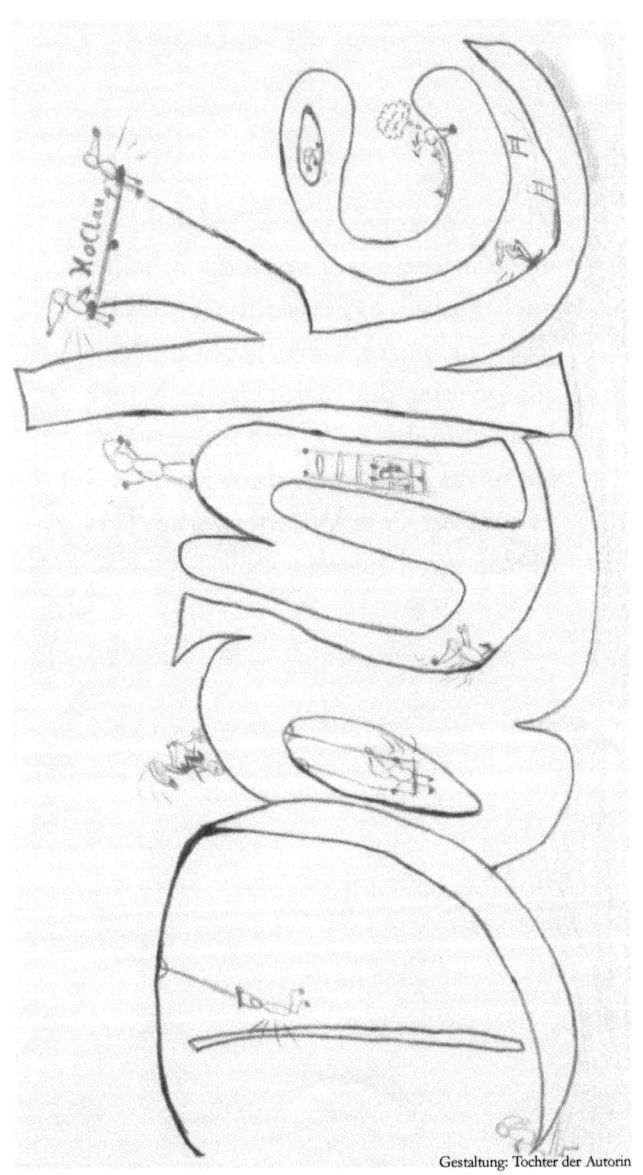

Gestaltung: Tochter der Autorin